決してひとりでは読まないでください――

ダリオ・アルジェント『サスペリア』の衝撃

CONTENTS

CONTENTS

おすすめジャッロ30選

コラム

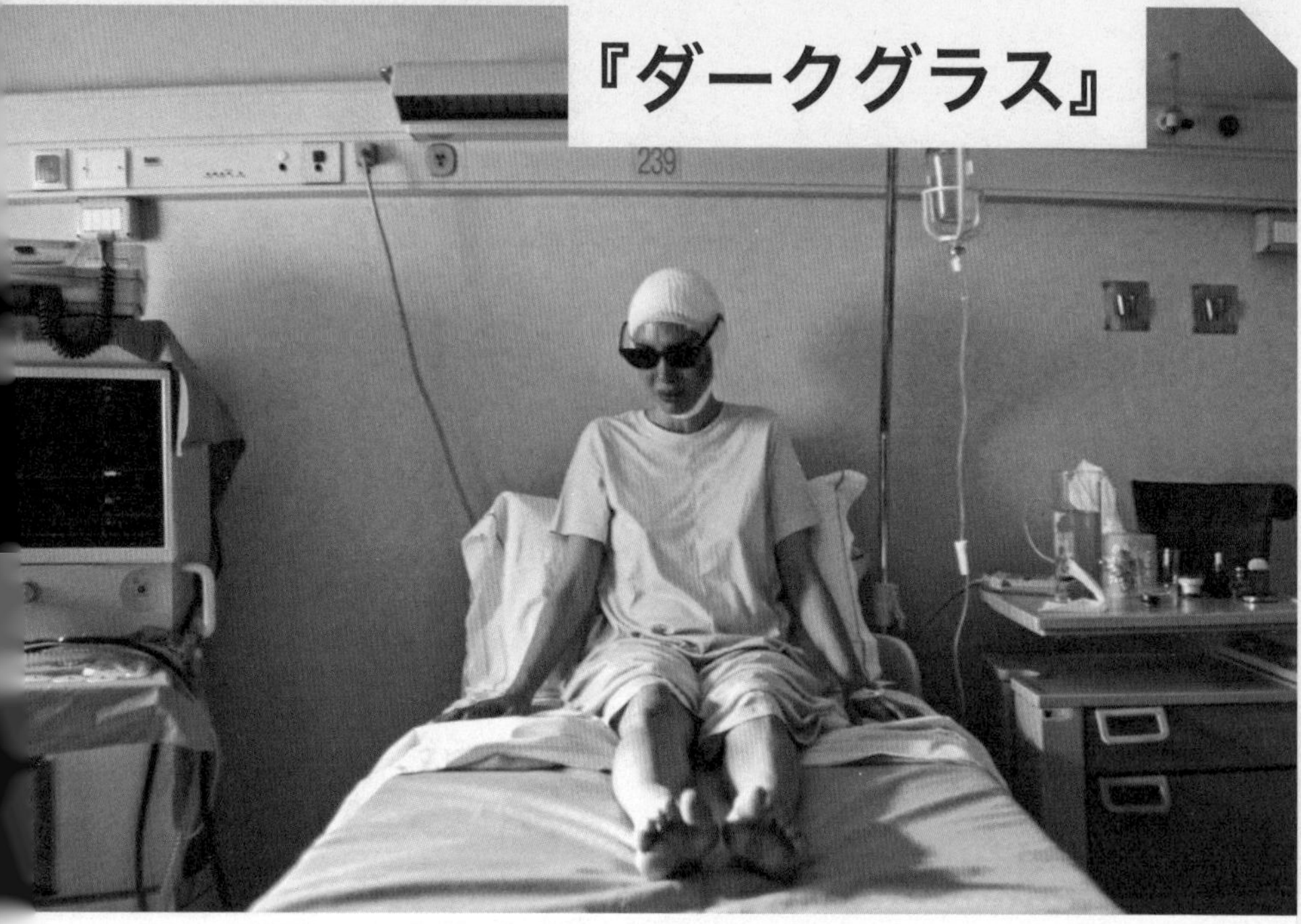

久々の快作

アルジェントの最新作『ダークグラス』は久々の快作である。

ここのところ正直、『トラウマ／鮮血の叫び』で娘のアーシアを主演にしたあたりから、アルジェントは低迷期に入っていた。『トラウマ／鮮血の叫び』にも良いシーンはあって、首をはねても脳の動きが停止するまでの間、意識が残り表情が動く表現は慧眼だったが、物語はホラーともドラマともつかぬ曖昧さになり、展開も明らかに緩慢になった。『スリープレス』で久々にシャープなジャッロに復活したが、またすぐ再び低迷期に入ってしまう。個人的に『デス・サイト』は嫌いではなかったものの、あくまで贔屓目に観てのものであって、世間での評判は悪かった。この辺りはファンとしてもかなり忍耐が必要とされる時期だった。

変則的な作品で「マスターズ・オブ・ホラー」の、

CROSS REVIEW

『愛しのジェニファー』と『愛と欲望の毛皮』は、非常に興奮する出来栄えだった。だが『サスペリア・テルザ』以降はまたガッカリの連続で、黒い皮手袋とナイフと血糊という、基本的な物があれば作れるはずの世界観が、『DO YOU LIKE HITCHCOOK？《ドゥー・ユー・ライク・ヒッチコック？》』ではそれすら出来ていなかったし、『ドラキュラ』では安いCGによってぶち壊しになったりもした。それ以降の話題は、ギャスパー・ノエ作品への主演や、ルカ・グァダニーノによる『サスペリア』（18）のリメイクといったことがメインだ。

なので久々の監督作である『ダークグラス』も警戒しつつ観始めたが、杞憂だった。本作は「マスターズ・オブ・ホラー」の下品なほどのエロスを引き継ぎつつ、サスペンスの要素が強く織り込まれている。主人公のディアナは娼婦だ。ある日、客の一人が獣臭かったのでシャワーを促したところ、彼女のその態度に陰湿な怒りをみせて男は立ち去る。その後、ディアナは運転中にバンに追い回され、追突事故に遭う。彼女はその事故の怪我で失明。巻き沿いとなった中国人一家も、幼い息子だけが生き延びる。それ以来、ディアナは白いバンの男にストーキングされ、助けに入った人々が殺されることになる。

犯人は早い段階で顔バレし、白いバンの男が立ち去った男とわかるカットがある。そのため少なくともフーダニットの要素はない。動機もディアナの発した言葉に怒ったためだし、この作品にはジャッロ的な要素は薄いといえよう。むしろ正統派のストーカーによるサスペンス映画である。

真魚八重子

本作のオープニングで印象的なのは、街のいたるところでみんなが黒いアクリル板をかざして空を見上げていることだ。日食で太陽が隠れるのを人々は見ようとしており、その奇妙な光景は悪い予感のように、ディアナも永遠に太陽の光を奪われてしまう。元々、ディアナは月の女神を意味する名前であり、皮肉なことに処女の神である。

アルジェントの映画ではすでに、『サスペリア』でバレエ学校に勤める盲目のピアノ教師が、おそらく魔女の力で自分の盲導犬に噛まれて死ぬ場面があった。また『わたしは目撃者』の主人公も盲人であり、傍らには幼い姪と盲導犬がいた。両者とも他人の言葉に惑わされたり、怒りっぽかったりする性格で、アルジェントは五感のどこかが封じられると、他の知覚が鋭敏になるといった噂は、信じていない印象を受ける。『ダークグラス』は盲目になって日が浅いせいもあるが、ディアナもひたすら心細い思いをする。

その代わりがやはり動物である。『フェノミナ』の蝿やチンパンジー、『スリープレス』のオウム、そして『ダークグラス』の盲導犬。アルジェントの映画の超人的な犯人に対しては、動物の原始的な直感や知覚でないと、太刀打ちができないのである。さらに、動物は善悪を判断するし、飼い主に滅私的な愛情を持つ。ただ殺意だけの殺人鬼よりも、愛と殺戮の力を持った動物の方が格上なのだ。

しかし、それにしてもチンという少年は不思議である。交通事故を無傷で生き残り、不可抗力とはいえ、事故で父を死に追いやった運転手であるディアナを慕う。確かに保護施設では他の子とうまくいっておらず、ディアナのプレゼントを取られそうになったのを、彼女が奪い返してくれたというのが嬉しかったのはわかる。だが、そのため施設を抜け出し、ディアナの元にやってきて一緒に暮らしたいと言う。まさに映画が無理にこじつけた設定なのだが、彼はディアナの騎士として役目を果たし、映画全般の緊張をほぐすような緩衝材的役割となっている。アルジェントの映画で東洋人がこれほど活躍するのも初めてで、時代の趨勢にも合っているのだろう。

残虐描写への集中力や、暗闇での殺戮で鮮血が見づらいといった粗もある。アルジェントも年齢的な衰えはあるだろうが、オチまでちゃんとまとまった作品だ。ラストの侘しい余韻といい、映画として十分の出来栄えである。

『ダークグラス』

「見ること」「見られること」の殺伐から「優しさ」への脱出

映画は常に「見ること」と「見られること」の境界線上にあり、そこには常に暴力性が介在する余地がある。ローラ・マルヴィが提唱した「Male Gaze（男性のまなざし）」という概念は「見る側」と「見られる側」の非対称性を浮き彫りにするものだったが、たとえばスリラー映画において――アルジェントの映画が「スリラー」なのか、ということは措いておくとして――カメラがしばしば殺人者の主観となるとき、観客は強制的に、そして暴力的に、スクリーン上の「いま、ここで」起きている惨劇の実行者／共犯者／傍観者にさせられてしまう。映画は本来的に窃視症的なメディアであるため、たとえカメラが殺人者の主観でなくとも、観客はありとあらゆる惨劇の目撃者であることを要求されるし、逆に我々はまた別の新たな惨劇を「目にしたい」一心で映画館へと足を運ぶ。映画の構造の中に「見ること／見られること」にまつわる暴力性が横たわっているのは火を見るよりも明らかだ。

一方、スクリーンの中においても「見ること」と「見られること」の関係性は映画の本質的なファクターとして常に中心にある。他愛のない会話の場面であろうと、世界が崩壊する一大スペクタクルであろうと、それが映画の中で表現されるのは視線の交錯を通じてである。無数の視線を組み合わせることで「客観」の錯覚を与える作業が映画編集だということもできるだろう（完全に一人称視点の作品であるとか、そもそも人間が登場しない抽象的な作品など例外はいくらでもあるが）。誰が何を見ているのか、何を見落としているのか、またその人物が他の誰の視線に晒されているのか、というダイナミズムのうちに映画はある。

高橋ヨシキ

ルイス・ブニュエル『アンダルシアの犬』（29）の剃刀で目を切り裂く一瞬は、そのような「見ること」「見られること」の関係性にある暴力性を、観客への直接的な攻撃として表現しているがゆえに、それがもたらすショック効果も限りなく大きかった。その後このような直接的な攻撃は主にホラー映画の世界で引き継がれていくことになるわけだが、それは端的にいってホラー映画が映画自体の持つ暴力性をエクスプロイトし、それを最大限に引き出そうとする性質を持つジャンルだからである。

ダリオ・アルジェントはもちろんこのことに自覚的で、たとえば代表作『サスペリア』には何重にも「見ること」「見られること」また「見えないこと」がもたらす恐怖が塗り込められていた（『サスペリア』には盲人が自分の盲導犬に喰い殺される場面もある）。「見ること」「見られること」の恐怖をさらに深く追求した『オペラ座／血の喝采』の主人公は惨劇を見ることを強制され（目の下に針を貼り付けられ、目を閉じることは許されない）、犯人の姿をよく「見よう」とした女性の目が鍵穴越しに放たれた銃弾に貫かれる。『サスペリアPART2』の鏡越しの視線や、『わたしは目撃者』の瞳孔の超クローズアップなども同様。

『ダークグラス』の冒頭で、主人公ディアナは日蝕を「見る」。彼女がそれに気づいたのは周囲の人々が一様に視線を空に向けていたからである。太陽を見上げたディアナの視覚を強烈な光が突き刺す。ここでは太陽光が視覚に対する暴力装置として働いている。血なまぐさい光景でも殺人の瞬間でも、眼前に迫った鋭い凶器でもなく、光そのものが暴力なのである——スクリーンに投影されるアルジェント映画が常にそうであったように。

ディアナはその後視覚を失い、盲人の売春婦（！）として生きることを余儀なくされるわけだが、それほど多くない本作のショックシーンの一つが沼地で水蛇に絡みつかれる場面なのは興味深い。見ることができないディアナの恐怖を表現するためにアルジェントが「触覚」を採用したことは間違いないが、映画はそれを視覚的にしか表現できない。盲人が主人公であるにも関わらず、『ダークグラス』が恐怖の演出として「視覚を失った状態を観客に追体験させる」手法を一切使わなかったことは特筆に値すると筆者は思う（視覚を失う一瞬だけそれに近い表現があるが、それは恐怖の表象ではない）。それは「見ること」「見られること」の恐怖を描き続けてきたアルジェントの矜持でもあるだろう。が、それより重要なのは「視覚を失うこと」をディアナにとっての恐怖の対象としなかったアルジェントの慎ましさであり優しさであろう。

「優しさ」？　然り。本作は慈愛に満ちた作品である。ディアナは視覚を失ったことによって、逆説的に「見ること」「見られること」が持つ暴力性のサイクルから脱することになった……のかもしれない。物語中盤、視覚を失ったディアナと常連客とのやりとりはそのことを端的に示していた。

「目が見えなくなってて残念？」と尋ねたディアナに常連客パルディが言う。「むしろ、うれしいぐらいだ。（自分の）醜い顔を見せずに済む……俺は怪物だ」。特権的な「見る側」の立場にあると思われた客が、その実「見られること」の暴力性に怯えていたことを冗談めかして語るこの場面に漂う「優しさ」には心打たれるものがある。「見ること」「見られること」の殺伐から脱した「映画」の可能性をアルジェントはついに見出したのである。

ダークグラス
OCCHIALI NERI／DARK GLASSES
監督：ダリオ・アルジェント
脚本：ダリオ・アルジェント、フランコ・フェリーニ
音楽：アルノー・ルボチーニ
出演：イレニア・パストレッリ、アーシア・アルジェント、シンユー・チャン

2021年/イタリア・フランス/イタリア語/85分/カラー/シネスコ/5.1ch/
日本語字幕：杉本あり　PG12

提供：ロングライド、AMGエンタテインメント　配給：ロングライド

4月7日（金）新宿武蔵野館、ヒューマントラストシネマ渋谷
池袋シネマ・ロサほか全国順次公開

ダリオ・アルジェント バイオグラフィー

山崎圭司

イタリアンホラーの帝王にしてジャッロの達人、ダリオ・アルジェントは1940年9月7日イタリアのローマ生まれ。父サルヴァトーレは映画製作者、母エルダ・ルクサルドはブラジル生まれの写真家。幼い頃から自宅に有名人が出入りする華やかな環境に育ったが、運動よりも本を読み耽るのが好きで、空想の世界に遊ぶ。やがて自然と映画に興味を抱くが、怒号が飛び交う撮影現場に幻滅。映画批評に情熱を傾け、日刊紙パエーゼ・セラに投稿。脚本の執筆も始め、若い才能を求める名匠セルジオ・レオーネに請われて、同世代の作家ベルナルド・ベルトルッチと共に『ウエスタン』（68）の原案作りに参加する。

若きジャッロの名手、誕生！

ベルトルッチの勧めで読んだ推理小説「通り魔」に触発されて書いた脚本に強い愛着を抱き、自ら志願して映画化。父の根回しもあって『歓びの毒牙』（70）で監督デビューを果たす。過去のトラウマが招く連続殺人の顛末を、硬質な映像美と先鋭的な音楽で綴る新感覚のスリルは、若い観客の支持を集めてロングランヒットを記録。イタリアで初めて興行的に成功したジャッロとなった。

続く『わたしは目撃者』（71）では気鋭脚本家ダルダーノ・サケッティと組み、独自のユーモアセンスを発揮。この2本の成功で一躍ジャッロの旗手となったアルジェントだが、おかげでイタリア映画界には摸倣作が氾濫。ジャンルに見切りをつけるべく、自ら集大成的な野心作『4匹の蝿』（71）を完成させる。

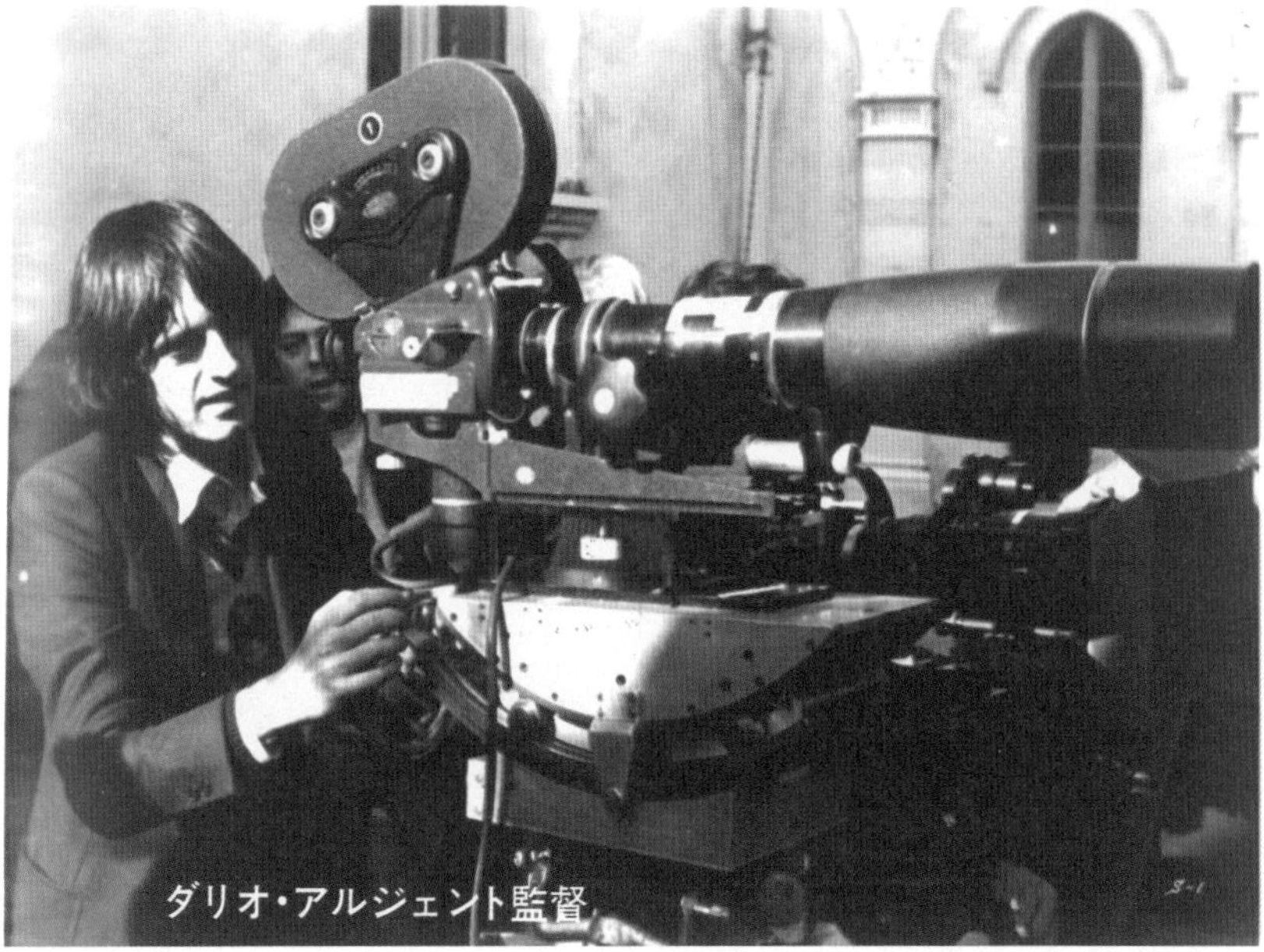
ダリオ・アルジェント監督

原題に動物の名を冠したこれら3本は「アニマル・トリロジー（動物三部作）」と呼ばれ、国際的なキャストを起用。日本でも劇場公開されたが、当時の認知度はイマイチ。『歓びの毒牙』はカルロ・リッツァーニ監督の『山いぬ』(69)と併映。『わたしは目撃者』は異色西部劇『盲目ガンマン』（71）、『4匹の蠅』も猟奇サスペンス『見えない恐怖』（71）と2本立て興行で、僅か2週間程の短期上映という冷遇ぶりだ。

先見の明を持つアルジェントはテレビの可能性に着眼し、スリラーシリーズ『サイコファイル』（73）でお茶の間に進出。一方、自社プロのセダ・スペッタコリの企画で監督が不在となった歴史風刺劇『ビッグ・ファイブ・デイ』（73）に登板。こちらは評価・興行ともに振るわず、初めての挫折を味わう。

さらなる恐怖を求めて、赤い深淵と魔女の世界へ

私生活でも最初の妻マリサと別れ、長女フィオーレを連れて新居に移転。文字通り、心機一転のニューモードで臨んだのが『サスペリアPART2』(75)。それまで敬遠していた第六感やオカルトの要素を取り入れ、過激な流血と暴力描写で自らの限界突破に挑戦。タイトルも動物三部作を引き継い

だ仮題「The Sabre-Toothed Tiger（剣歯虎）」を捨て、「Deep Red（深紅）」とつけ直した。なにより視覚と記憶に挑戦する前代未聞のトリックを仕込み、ジャッロ映画の頂点を極める。

『サスペリアＰＡＲＴ２』の劇中、殺人者の思念を読み取った超能力者は眉をひそめて呟く。「I heard all those twisted thoughts, cruel yet childish at the same time.（残酷だけど幼稚な、ねじれた思念なの）」。これはまさにアルジェントの映画哲学そのもの。突然開いた扉の奥から、不気味な笑顔のわらべ人形を押し出す野放図、合理性を押しのけて襲いかかる絶対的な鳥肌感覚を見事に言い当てている。

だが、作家としてひとつのゴールを達成したアルジェントはスランプに陥った。『サスペリアＰＡＲＴ２』が縁で恋人になった女優のダリア・ニコロディの助言もあり、魔女を題材にしたホラー映画を構想。数年を費やして欧州各地をリサーチ旅行する。

赤軍テロが吹き荒れるドイツ、俗世と隔絶したバレエ学校で魔女が私腹を肥やし、邪魔者を抹殺して世界を呪う。鮮やかな原色の映像美と血生臭いショックシーンを連打した『サスペリア』（77）は、「決してひとりでは見ないでください」というキャッチフレーズで日本でも配収10億９０００万円の大ヒット。翌78年には前作『サスペリアＰＡＲＴ２』が公開され、モダンゾンビの父、ジョージ・Ａ・ロメロとコラボレーションした『ゾンビ』（78）が79年に上陸。恐怖の鬼才アルジェントの名は日本でも一気に轟いた。

『サスペリア』の魔女が実は3姉妹だったと明かす続編『インフェルノ』（80）では、現代都市ニューヨークと古都ローマを結び、凄惨な連続殺人が展開。ここでアルジェントは自作を「夢幻的でラテン風の物語」と定義。「ドイツ表現主義の巨匠フリッツ・ラングの走馬灯の如き幻影的、精神的世界に共感を覚える」と訴える。

ラングは大胆な犯罪を繰り返し、世界を恐怖と混沌に陥れる怪人「ドクトル・マブゼ」の暗躍を描く連作で知られる巨匠。おぞましい殺人場面の熱量に対して黒幕である魔女と錬金術師の目的が今ひとつ不明瞭な『インフェルノ』は、よく難解だと批判されるが、ここにマブゼの影を重ねて解釈してみるのも面白いだろう。

オカルト世界を抜け、ハイパージャッロの扉を開く

『インフェルノ』の撮影中、アルジェントは肝炎に倒れ、完成した映画は出資元である20世紀フォックスの判断で塩漬けとなり

（原因は経営陣交代のとばっちりらしい）、魔女3部作の構想も棚上げになった。別の仕事でアメリカに渡ったアルジェントは、『サスペリア』の熱烈なファンからストーカー被害に遭う。この実体験を基に、人気推理作家が謎の脅迫者につきまとわれる『シャドー』（82）を発表。昆虫と交信できるヒロインが残忍な連続少女殺しに巻き込まれる『フェノミナ』（85）では、新たに自社プロのDACフィルムを設立。SFXを多用し、既成のロックサウンドを散りばめる新趣向を見せた。

荒唐無稽な魔女映画を経て、アルジェントは合理性の枷から解放され、より純度の高い恐怖を追求できるようになった。『シャドー』の舞台には原爆の被害を受けた架空のローマ、『フェノミナ』ではナチスが勝利したスイスを裏設定に据えた。人々は冷淡で攻撃的、常に互いを監視する緊張感が漂っている。『サスペリア』の学生寮にはカーテンがなく、部屋の様子が丸見えで、『インフェルノ』の館には血管状にパイプが張り巡らされ、会話が筒抜けになっている。アルジェントが紡ぐ異世界の遠景に、欧州の歴史と監視社会の不安を読み解くことも可能だ。

やはりドイツ分断の「壁」が残るベルリンの街で悪鬼が増殖する『デモンズ』（85）、その続編『デモンズ2』（86）をプロデュースした後、アルジェントは舞台演出の経験を基に『オペラ座／血の喝采』（87）を監督する。不幸を招く「マクベス」を上演中の劇場で相次ぐ殺人事件。その謎解きをソプラノ歌手のおぞましい記憶に探るスリラーだが、若干焦点がぼやけた仕上がりに。また、製作中アルジェントの父親が亡くなり、キャストが事故に遭うなど、現場でもアクシデントが続発した。

それでもアルジェントは精力的に活動を続け、テレビのホラー番組で司会を務め、自身の創作の秘密を明かすドキュメント『アルジェント・ザ・ナイトメア／鮮血のイリュージョン』（85）の若手監督ミケーレ・ソアヴィを強力にバックアップ。『デモンズ3』（89）と『デモンズ4』（90）で製作を務めた。

90年には『マスターズ・オブ・ホラー／悪夢の狂宴』を製作総指揮。『ゾンビ』のジョージ・A・ロメロとエドガー・アラン・ポーの原作を競作し、アメリカロケを敢行。アルジェント篇の「黒猫」では、初めて犯人側の視点から物語を描くユニークな試みを見せた。

自身の暗部を覗くパーソナルスリラー、原点回帰と新たなる挑戦へ

アメリカでの仕事は続き、愛娘アーシア・アルジェントを主役にした『トラウマ／鮮血の叫び』（93）には拒食症に悩んだ自ら

の過去を投影、心の傷を赦し、癒しの境地へ導く。アーシアと共に異母姉フィオーレ（看護婦役）、異父姉アンナ・チェロリ（エンドロールで踊る少女）も登場。最初で最後の三姉妹共演となった。

アーシアを主演に心の暗部を探るパーソナルスリラー路線は次回作『スタンダール・シンドローム』（96）にも継承された。『歓びの毒牙』同様、強烈な暴力体験の被害者に加害側の人格が憑依する物語で、マリオ・バーヴァの傑作『白い肌に狂う鞭』（63）を思わせる設定だが、結末は犯人に寄り添う視点だったのが印象的だ。

当初は残酷派ルチオ・フルチを監督に想定し、原案・製作を担当した『肉の鑞人形』（97）と『オペラ座の怪人』（98）では怪奇古典の映像化に挑戦。これも自身のルーツを掘り下げるアプローチの一環だったのかもしれない。

21世紀を迎え、娘アーシアの初監督作『スカーレット・ディーバ』（00）を製作し、原点回帰を目指したジャッロ『スリープレス』（01）を監督。『デス・サイト』（04）ではフリッツ・ラングの「ドクトル・マブゼ」を着想源に、男女の刑事コンビを軸にした警察の集団捜査サスペンスに仕上げた。

デビュー当時の異名だった「イタリアのヒッチコック」と向き合う（？）テレビ映画『ドゥー・ユー・ライク・ヒッチコック？』（05）で肩慣らしをし、創作の自由を保障されたテレビシリーズ『マスターズ・オブ・ホラー』（05－06）では露骨なエロ描写に開眼。グロお茶目な一面も披露した。

そして『サスペリア・テルザ 最後の魔女』（07）で遂に魔女3部作が完結。主演のアーシアと実母ダリア・ニコロディが母娘役で共演。長年、疎遠だったアルジェント一家の邂逅が実現した。その名もズバリの『ジャーロ』（09）では「黄色い」肌の殺人鬼が大暴れ。『サスペリアPART2』の3Dリメイクは頓挫したが、同じ立体映画仕立ての『ダリオ・アルジェントのドラキュラ』（12）では、巨大カマキリが乱入する我流解釈にファンは泣き笑いを余儀なくされた。

それから10年。製作中断状態の「サンドマン」、賛否両論を呼んだ『サスペリア』（18）のリメイクなどを経て、ギャスパー・ノエ監督の『ヴォルテックス』（21）では堂々の主演を務め、監督としても新作『ダークグラス』（22）で完全復活。意図的に過去作を引用しつつ、被害者の娼婦をしたたかな女性として描く。アルジェント82歳。今も、現在進行形だ。

祝
我らが巨匠 Maestro
Dario Argento 新作出来!!
『ダークグラス』!!
Deep Red
『ダークグラス』
おめでとうございます!
『ダークグラス』
とにかくありがたい〜と拝む新作。『マスターズ オブ ホラー』の「ジェニファー」「愛と欲望の毛皮」あたりの小作もまた撮ってほしい!!
児嶋にとって不動のNo.1作品は『サスペリア2』
まだまだ83才♡ これからもどんどん頑張していきますよ!!…
ブスッ
『サスペリア』永遠の完璧Movie…私は『フェノミナ』よりもサス派♡
ギャー
Deep Redの最高なところは、ガチのミステリ作品なのに、全く論理的ではないシーンがガンガン挿入されているところ!! それゆえに作品が大傑作になっている…♡
この人形も最高 ほんとに意味不明なのだが、(犯人持参?) 間違いなく絶対必要なシーンで、もはや詩であり魔法
理屈で考えたり、机上会議していたら産まれないし、削除されてしまうと思う。冒頭シーンの霊媒ネタも同じくで超自然をミステリにズバッと組み込んで世界のバランスを取ってくれる。あの有名な視覚トリック(鏡)含めて、古典ミステリ魂がもう…何回観ても超カッコいいのだ……!!
見えます… 見えます…
なんとなく遠野なぎこ味がある霊媒ヘルガ
かわいそうなキャラ選手権があったらブッちぎり1位 カルロ…ほんとにかわいそう(笑)。演じたガブリエル氏『スリープレス』でもやっぱりかわいそう…(笑)。
お母さん……。
カルロの子供時代 The 美少年
御存知、『サスペリア』の美少年と同じく演じるJacopoさんはTwitterにもひっそりいらっしゃいますよー♪
ウキャキャ
人形のグッズほしい…
語りだすと止まらない老害…
児嶋都より、アルジェント 愛をこめて…
Miyako Cojima

アルジェントがアルジェントであるために作られた監督デビュー作『歓びの毒牙《きば》』

ナマニク（氏家譲寿）

ご存知の通り『歓びの毒牙』はダリオ・アルジェントの監督デビュー作だ。制作時、彼は30歳。下積みが基本のイタリア映画界の監督としては若造。そもそもアルジェントは読書好きの文筆家。17歳の時から父サルヴァトーレの紹介でエンタメ専門誌に映画評を掲載していた。評論で培った経験を生かそうとイタリア国立映画実験センターを受験するも不合格。悔しさを胸に脚本家としての稼働をスタート。本格的に映画業界へと足を踏み入れることになる。

そこでまたも父サルヴァトーレのコネを使い、脚本家としてのキャリアを確固たるものにしていく。『歓びの毒牙』の脚本は、アルジェントの悪夢を元にフレデリック・ブラウンの推理小説「通り魔」を大胆にアレンジしたもの。自分の悪夢を元にしたせいか、かなり愛着のあるものに仕上がったようだ。『インフェルノ』（80）の元ネタは悪夢と狂信的なファンへの恐怖だったが、彼は身の回りに出来事を面白くアレンジするのが好きなようだ。

さて、アルジェントが「親父《パードレ》！俺がこの作品の監督をやりたい！」とサルヴァトーレに言ったかどうかは分からないが、いや、実際言ったのだろう……無事『歓びの毒牙』はアルジェント自身で映像がされることになる。

ストーリーはベッタベタなジャッロ。異国を訪れた外国人が殺人事件に巻き込まれ、事件解決に乗り出すといったもの。オチも「殺人を目撃した主人公の勘違いで、被害者が実は加害者でした!」といったもの。「いやー、それって、マリオ・バーヴァの『知りすぎた少女』(63)と同じじゃね?」と思うし、それを指摘する映画ファンも多い。まあ、映画なんてそんなものだ。それよりも本作が唯一無二の評価を得ている点、それは冒頭、二重扉に閉じ込められた状態で主人公が目撃する絵画的な殺人シーンだろう。オブジェが立ち並ぶ画廊で行われる殺人。それを無音の状態で見ているのみのガラス部屋に閉じ込められた主人公の苦悩。まるで動物園の動物のようだ。このシーンで観客は一発でアルジェントの世界に持って行かれてしまうのだ!

もちろんアルジェントのお家芸、黒ずくめ殺人鬼もこのデビュー時点で登場していることも忘れてはならない。また残酷表現も光っており、カミソリを使った殺人シーンにおける痛みの表現は『殺しのドレス』(81)も霞むほどだ。洒落たオブジェ、フェッティシュな殺人シーン、混乱をまねくジャンプカット、女性を徹底的にいたぶることで漂うミソジニスト感。アルジェント節は、ここから半世紀以上かけて熟成されていくのだ。

歓びの毒牙《きば》(1969)
L' UCCELLO DALLE PLUME DI CRISTALLO
THE BIRD WITH THE CRYSTAL PLUMAGE
監督・脚本:ダリオ・アルジェント
音楽:エンニオ・モリコーネ
出演:トニー・ムサンテ、エヴァ・レンツィ
スージー・ケンドール

宙吊りの連続

『わたしは目撃者』

上條葉月

『わたしは目撃者』（原題「九尾の猫」）は『歓びの毒牙』で監督デビューしたアルジェントの2作目であり、次の『4匹の蝿』と合わせて動物3部作と呼ばれている。いずれも後のオカルト色のない、サスペンス要素の強いジャッロ映画だ。動物三部作と言えど、『歓びの毒牙』（原題「水晶の羽を持つ鳥」）では鳥が、『4匹の蝿』では4匹の蝿が登場するが、本作に猫は出てこない。

原題はアルジェント自身が着想を得たと述べているとおり、エラリー・クイーンの小説『九尾の猫』からきたのだろう。しかし犯人が〝猫〟と呼ばれる小説と異なり、本作は手がかりが9つあることから「九尾のどれかを辿れば真実に辿り着く」との台詞を発するだけで、こじつけたとしか思えないタイトルだ。盲目の目撃者が登場する、毒入りの飲み物など、要素としては『Yの悲劇』との共通点が思い浮かぶ。実際アルジェントはクイーンの小説を好んでおり、『スリープレス』（01）にも同作の影響がうかがえる。

本作は新聞記者のジョルダーニが元記者で盲目の老人フランコと共に、遺伝子研究所への不法侵入をきっかけに起こる殺人事件の謎を追うという、ミステリ色の強いサスペンスだ。盲目の老人とその手助けをする姪のコンビは、フレッド・ジンネマンの『闇に浮かぶ犯罪』（42）における盲目の探偵と犬のようではあるが、盲目を活かし真っ暗な地下室で優位に立つという視覚的にもキレのあるジンネマン作品のようには、この設定はそれほど活かされていない。姪の目を借りて不審な車を確認する冒頭ではフランコが事件を解決していくのかと思わせるが、気づけば物語の中心はジョルダーニへ移っていく。

本作の大部分は、まさにサスペンス＝宙吊り状態だ。時折インサートされる犯人と思われる印象的な目のクロースアップ。冒頭からずっと犯人はそこにいるのだと強調しながらも、全く犯人像が見えてこない。手がかりを掴みかけると、証拠は奪われ、証人は殺される。こうしてスクリーンに現れる「目」が何者のものかわからないという不穏さだけが引き伸ばされていく。クイーンから着想を得たといえど、やはりミステリーではなくサスペンスなのだ。だからこそ、事件の解決は謎解きを描くことに興味がなかったのかと思うほどあっけない。いや、確かに犯人はずっといたんだろうけど、何の印象も残ってないよ……。優生思想的な研究のせいで後天的に犯罪へ駆り立てられ、遺伝子に組み込まれた運命を辿ってしまう……という皮肉にしてはとってつけたような動機に拍子抜けするクライマックスで笑うしかないが、宙吊りの糸が切れるように文字通り急落下して終わるラストは清々しさもある。

わたしは目撃者（1971）
IL GATTO A NOVE A CODE
THE CAT O'NINE TAILS
監督・脚本：ダリオ・アルジェント
音楽：エンニオ・モリコーネ
出演：ジェームズ・フランシスカス、カール・マルデン
　　　カトリーヌ・スパーク

アルジェントが唯一挑んだ「ホモエロティシズム」映画

『4匹の蝿』

ナマニク
（氏家譲寿）

死んだ人間の網膜には、死ぬ間際に見た最後の映像が焼き付いている……。ああ、なんと夢のある話か。

『4匹の蝿』は、『歓びの毒牙』、『私は目撃者』と続いた、いわゆる動物3部作（鳥、ネコ、蝿）の最終作。蝿が動物なのか？という疑問はさておき、本作はサイコサスペンスにファンタジックな要素を盛り込んだ初期アルジェントの集大成だ。さらに『4匹の蝿』をメタ的に観察してみると、このフィルムには『歓びの毒牙』で見え隠れしていた「アルジェントがアルジェントたる存在を確立する」ことになる表現が大量に焼き付けられている事が分かる。

テンションの高いバンド演奏、ハイアングルのカメラワーク、奇妙な仮面、オンボロ車を駆る探偵、センスのない笑い（〝ゴッドフリー〟と呼ばれる男の登場シーンにゴッドと神をかけて〝ハレルヤ〜〟などという曲を流す絶望的センス）……これらは次に『ビッグ・ファイブ・デイ』を経て制作するジャッロ完成形として名高い『サスペリアPART2』に繋がるだろう。加えて、奇異な場所からの視点カメラは『サスペリア』や『シャドー』、公園の中、延々と犯人に追跡される緊張感のある追跡描写は『フェノミナ』だ。トラウマを背負った女性を扱う点に至っては、作品とも指摘できないほど「ザ・アルジェント」。殺人シーンで黒手袋が登場しないことが残念に思えるも、凶器視点のカメラ、被害者と同化して転落するカメラはアルジェントにしか撮りえないだろう。さらに『4匹の蝿』といえば、必ず言及されるラストのカーアクシデントシーン。これは、現時点での最新作『ダークグラス』の衝撃的かつアグレッシヴでブルータルな交通事故を連想させるだろう。とにかく『4匹の蝿』には、アルジェント作品の魅力全てが詰め込まれているのだ。

またアルジェントは、本作は初めて「ホモエロティシズム」に挑戦している。まずはストーリーを振り返ってみよう。

イケメンのドラマー、ロベルト。彼はバンドの練習を終え帰路につく。彼は長くストーキング被害に悩まされており、今日も謎の男に付けられていた。帰り道、ロベルトは「今日こそは」と男を追いかけ問い詰めるが、問答を繰り返すうちにロベルトは男を刺し殺してしまう。ロベルトは通報することと無く立ち去るも、その様子を異様な仮面を被った人物がカメラで撮影していた。以降、ロベルトの自宅には脅迫電話かかってくるようになる。さらに自宅は証拠写真や被害者の身分証などが送りつけられるようになり、精神的に追い詰められていく。事情を聞いた妻ニーナは優しくなだめようとするが、ロベルトは逆ギレして彼女に冷たく当たる。ロベルトは探偵を雇い、脅迫者の正体を暴こうとするのだが、探偵は無残にも殺害されてしまう。さらにロベルトを心配してやってきたダリアのいとこも殺されてしまう。ところが、検死でダリアの網

膜を分析してみると彼女は死の直前にみたものが、揺れ動く4匹の蝿であることが分かり……。

唐突かつ脈絡無く殺人が行われ、美男美女が殺人事件に巻き込まれる。そしてストーリーとは無関係なフェティッシュかつ洒落た映像が続く中、事件は明後日の方向に展開。こちらが状況を飲み込めぬまま、あれよあれよという間に事件が解決してしまう……まさに典型的なジャッロだ。そんな『4匹の蝿』、重要になるのは〝目線〟。

事件解決の重要なポイントとなる間際の網膜映像もそうだが、なんと言っても男達の交わす目線がやたらとエロティックな点に注目したい。冒頭のバンド仲間とのやりとりは当然のことながら、ゲイとおぼしき探偵の男を見る目、脅迫者と間違われてボコられる配達員とロベルトの異様に近い距離感、ロベルトと親友ゴッドフリーの抱擁。そして最大のテーマになる「男のように振る舞うよう求められた女」のトラウマ。加えて男子トイレでの殺人シーン、女性をないがしろにするロベルト、短髪でボーイッシュなミムジー・ファーマー演じるニーナのいでたち。これらがとにかくホモエロティシズムに満ちている。エロティシズムといっても、性器やセックスを指すわけではない。あくまで「男性性」の美しさだ。

今時このような解釈は時代遅れといわれるかもしれないが、この「男性性」の美しさの強調はイタリアならではの感覚に思える。カラヴァッジョの「果実を持つ少年」や「トランプ詐欺師」でみられる何処か卑猥な目、カルロ・サラチェーニの『聖セバスチャン』の見惚れてしまうほど美しい裸体。『4匹の蝿』には、これら古くから「ホモエロティシズム」の説明で使われてきたイタリア人画家達が表現してきた美的センスがある。本作で殺されるのは殆ど女性だし、『サスペリアPART2』以降で顕著になる「女性を美しく撮る」気持ちなど微塵も感じない。加えて「男！　男！　男らしくあれ！」と言われ続け、狂った果てに交通事故で首チョンパされてしまうニーナ。アルジェント作品には、いつもどこか

ミソジニストっぽさも漂う。しかし、『4匹の蝿』は、それが正しい。だってこの映画の世界では男も女も狂っているのだから。

４匹の蝿（1971）
QUATTRO MOSCHE DI VELLUTO GRIGIO
FOUR PATCHES OF GREY VELVET
監督・脚本：ダリオ・アルジェント
音楽：エンニオ・モリコーネ
出演：マイケル・ブランドン、ミムジー・ファーマー

BD 税込￥5,280（税抜￥4,800）発売中
発売・販売：キングレコード

無産階級から見た革命を描く

『ビッグ・ファイブ・デイ』

はるひさ

牢獄を脱走したカイナッツォ（アドリアーノ・チェレンターノ）は、今や革命の英雄となったかつての泥棒仲間ザンピーノを探していた。その道中、パン職人ロモロ（エンツォ・セルシコ）と気まずい出会いを果たし行動を共にする。しかし行く先々でおかしな邪魔が入り、騒乱に巻き込まれていく。

序盤からコメディの体をとり軽快に進む物語は、次第に暴力的なトーンへと変化する。

廃墟の不気味な貴族は「人民革命は無産階級の救いにはならない」と語り、聖職者と貴族が優雅に過ごす傍ら、労働者を中心とした民兵は戦いの犠牲になっていた。やがてザンピーノに再会したカイナッツォは、彼が英雄ではなくオーストリア軍と手を結んだ裏切り者で、戦争で金を儲けていると知る。一方ロモロは、悲しい運命を辿ることになってしまう。市街戦を生き抜いたカイナッツォは、革命の指導者たちは自分たちの利益しか頭にないご都合主義で、自由や正義といった「理想」は、政治と欲望のために作り上げられた幻想だったのだと気づき、失望する。

『4匹の蝿』（71）で「動物3部作」を締めくくったダリオ・アルジェントは、自分がジャッロを作る時期は終わったと考えた。『ビッグ・ファイブ・デイ』（74）は、そんな彼がマカロニ・ウエスタンの影響を受けて製作したコミカルな史劇だ。イタリア国内市場向けに、「ミラノの5日間」（ミラノ市民が駐留オーストリア軍に武装蜂起した、5日間に渡る戦い）を題材にしている。このときミラノ市民は勝利したが、この映画の結末は、祝賀ムードとは言い難い。

アルジェントは本作で『夕陽のギャングたち』（71）のスタイルを踏襲しながら、ペキンパーのようなスローモーションや暴力描写を取り入れ、労働階級が命を捧げた曖昧な概念「理想」を痛烈に風刺した。それは、労働運動が強まる70年代イタリアにおける、アルジェントからの警告だった。しかし、ジャッロから脱却しようとしたアルジェントの試みは、興行的には失敗に終わった。彼の挑戦は観客たちから受け入れられなかったのだ。彼自身も撮影中にはいい思い出がなく、すべてを忘れるための休養期間が必要だったくらいだ。

確かに、約2時間の物語はかなりテンポが悪く、地味な映像の連続（明暗法のような照明や万華鏡のような色彩はない）で、画面を見続けて5日間くらい経ったような気分になるほど退屈だ。

だが『ビッグ・ファイブ・デイ』には、2人の主人公の友情と行く末を見届けたくなる不思議な魅力があり、その驚くほどシニカルな幕切れは、現代でもどこか共感を覚え、最後まで見た甲斐があったと感じさせるパワーを持っているのだ。

ビッグ・ファイブ・デイ（1974）
LE CINQUE GIORNATE
THE FIVE DAYS OF MILAN
監督：ダリオ・アルジェント
原案：ダリオ・アルジェント、ルイジ・コッツィ、エンツォ・ウンガリ
脚本：ダリオ・アルジェント、ヴァンニ・バルストリーニ
音楽：ジョルジオ・ガスリーニ
出演：アドリアーノ・チェレンターノ、エンツォ・セルシコ

恐怖のアルジェント・マシーン
——自動人形・エレベーター・マネキンとの別世界通信

『サスペリアPART2』

後藤護

『サスペリアPART2』で最もアイコニックなシーンは何だろう？

　霊能力者ヘルガ・ウルマンを肉切り包丁で切りつけて窓ガラスに叩きつける最初の殺人シーンだろうか。あるいはラストのエレベーターでの首チョンパシーンが有力候補か。しかし私見では、ジョルダーニ教授殺害前に、何の前触れもなく出現するかの悪名高い自動人形《オートマタ》なのである。ユーリズミックスのアニー・レノックス風のベリーショートな髪型で出っ歯、タキシードでおめかしして不気味な薄ら笑いを浮かべたオートマタ坊やがここで出現する必然性は皆無であり、唐突の感はぬぐえない……が、その恐怖の手ごたえたるや確かなもので、教授がブッ太いナイフでオートマタ坊やの脳天をカチ割ってなお、内部のカラクリを露出させながらカタカタ動き続けるさまは、本来生命の宿っていないはずの人形が、生物よりもなお生きている錯覚を与える。また、「人形のあどけなさは、その痴呆的な無垢そのもののさなかで虚無と交信している」（種村季弘）のだとしたら、我々は生と死の両義性を綱渡りするオートマタ坊やから、虚無の深淵を見せつけられているのかもしれず、それゆえにこの突拍子もない演出に恐怖するのである。

　このオートマタ登場シーンに

関して、「ストーリーと何の関係もないから削れ」と周囲から相当数のアドヴァイスを受けたにもかかわらず、ダリオはゴリ押ししたのだからかなり自動人形へのこだわりがあったと分かる。となると、殺人事件解明の過程で行き着くことになる学校の名前が「レオナルド・ダ・ヴィンチ学校」であることは単なる偶然では済まされないかもしれない。以下の挿話を見ていただきたい。

「ダ・ヴィンチは、フランチェスコ一世の宮廷で自動人形の獅子をつくった。祭の日、獅子は大広間をずっと通り抜け、王の前に立ちどまり、後足で立ちあがって敬意を表した。すると急にその胸がさっと割れ、王の足もとへ、フランスの国花である白百合がこぼれおちた。」（花田清輝「鏡のなかの言葉」）

　この挿話は澁澤龍彦や種村季弘のエッセーに頻出することから日本でも知られたエピソードであるゆえ、イタリア生まれのダリオも知った上で言及した可能性はある。だとしたら粋な暗号ではないだろうか。

　自動人形ばかりではない。矢澤利弘の（Ｐヴァインあたりから増補改訂版を出すべき）純粋名著『ダリオ・アルジェント 恐怖の幾何学』を繙くと、『サスペリアＰＡＲＴ２』のネックレスを巻き込むエレベーターの動輪や、『サスペリア』冒頭の自動ドアの開閉、『トラウマ／鮮血の叫び』の首狩り機など、「恐怖を呼ぶ機械」へのオブセッションがダリオにあると分かる。機械を愛するとは、マシナリーでオブジェクティヴな精神があるということであり、その冷ややかな幾何学的精神が人間に投射されるとマネキン化する。例えば、マークとカルロが出会うＣＬＮ広場に特別に設けられた、エドワード・ホッパーの名画『ナイトホークス』を模したバーでは、客はマネキンのようにほとんど身動きをしない。広場に横たわる巨大な彫像、人類が死滅したような静寂、マネキンのように動かないバーの客などから構成される広場の超現実的光景からキリコの絵画『マーキュリーと形而上学者』を想起することは容易い。あるいはカルロがゲイのパートナーの家からマークと連れたって帰るとき、アーケード街には壁を向いて奇妙なまでに身動きとらない女たちがいるが、これはベルギーのシュルレアリスト、ポール・デルヴォーの描く結晶化した夜の女たちを思わせる。要するにダリオが「映画は絵画のごとく《ウトゥ・ピクトゥラ・キネーシス》」を志向したことは明らかだ。この映画でカルロの母親が、ピアニスト（芸術家）のマークを終始「技師（ingegnere）」と呼び続けるが、ダ・ヴィンチなどルネサンス期の画家たちが「マシニスト」と呼ばれていたと知ったらどうだろう。遠近法その他の幾何学的精神で絵画を「エンジニアリング」する画家が避けがたく独身者機械の傾向を帯びるのだとしたら、「技師」なる呼称はダリオその人の機械崇拝への自己言及とも取れる。

自動人形、殺人エレベーター、マネキン化された人間たち……これら機械たちが作り上げる冷ややかな裏ネットワークが存在する。マークとジャンナのコミカルで愛情あふれる掛け合いの裏側で、こうした非人間的な機械状無意識が時々大口をあけるのだ。それは図書館でマークがページをびりびり破く際に突如流れる、クラウス・シュルツェ直系のゴブリンの荒涼たる電子音楽にも表現されている。機械崇拝とは我々の生きる日常とは別に「ある自律的な精神世界が存在することへの証左」であり、マニエリスム精神そのものと喝破したのはG・R・ホッケであった。また「機械は人間の義手《プロテーゼ》の一種」というホッケのキラーフレーズを斟酌するならば、ダリオ印とも言える殺人マシーンの黒い皮手袋の中に血肉の通った手はなく、その中にあるのは機械化された世界像そのものを象徴している孤独な義手だとも言える。

サスペリア PART2（1975）
PROFONDO ROSSO
DEEP RED

監督：ダリオ・アルジェント
脚本：ダリオ・アルジェント、ベルナルディーノ・ザッポーニ
音楽：ジョルジオ・ガスリーニ、ゴブリン
出演：デヴィッド・ヘミングス、ダリア・ニコロディ、マーシャ・メリル

奇妙な世界をサヴァイヴし、その扉から出ていくとき

『サスペリア』

児玉美月

ピンク、紫、青または水色――。ダリオ・アルジェント監督によるホラージャンルの古典的名作『サスペリア』では、とりわけ特徴的なネオンカラーが目から焼き付いて離れない。この色彩はバイセクシュアル・フラッグの色にちなんで「バイセクシュアル照明」と呼ばれている。バイセクシュアル照明を印象的に使用した近年の代表的な映画には『アトミック・ブロンド』(17)があり、このzqざでシャーリーズ・セロン演じるスパイの主人公ロレーンはまさにバイセクシュアルとして描かれている。『サスペリア』を「究極のコカイン・ムービー」と評している(※1)ニコラス・ウィンディング・レフン監督による『ネオンデーモン』(16)がまさに『サスペリア』に多大なインスパイアを受けているのは、ピンクとブルーのネオンライトが拮抗するなかで血を流したエル・ファニングがソファに横たわるオープニングシーンからも明らかであろう。『ネオンデーモン』はモデル志望の無垢な少女ジェシーがキャリアを駆け上がってゆく物

語で、おそらくレズビアンかバイセクシュアルであるルビーは彼女に思いを寄せる。ジェシーは距離を縮めてゆくフォトグラファーの男性も求愛してくる女性も受け入れず、彼女自身のセクシュアリティが決して規定されないのは『サスペリア』の主人公の少女スージーと同じといえるだろう。

映画においてしばしば不可視化されやすいバイセクシュアルのキャラクターを、アルジェントもまたテレビシリーズ『13 thirteen 愛と欲望の毛皮』で登場させたが、とはいえ『サスペリア』にバイセクシュアル表象を含むわかりやすいクィア表象が顕現するわけではない。翻って『サスペリア』の続篇『サスペリア・テルザ 最後の魔女』(07)の方では明示的にレズビアンが登場し、この映画ではベッドを共にする女性同士が描かれた。アルジェントはそのように自身のフィルモグラフィにおいていくつかの作品でクィアなキャラクターを登場させた。たとえば『シャドー』(82)は映画に出てくるほかの多くのカップルと同じように痴話喧嘩し、キスを交わすレズビアンたちをごく自然に描いた。当時、同性愛に対してきわめて保守的なイタリアで、したがって『シャドー』は18歳未満禁止のレーティングを受けた。(※2) ホラー映画においてクィアなキャラクターは殺される慣習が強固にあるため、例に漏れず『シャドー』でもその宿命は回避されえない。しかしより厄介なのは『シャドー』にしても、そしてほかのアルジェント映画にしても、殺されるのはなにもクィアに限らず、次々に人が死んでゆくからである。そこで読み上げられる犯人からの「レズビアンに滅びを」というメッセージは彼女の殺害がヘイトクライムであることを殊更強調し、現実社会のレズビアンが受けうる不遇を告発しているとも読めるかもしれない。『シャドー』、『サスペリア・テルザ 最後の魔女』が「殺されるレズビアン」なら、『サスペリアPART2』(75)には「殺すゲイ」になり損ねた「殺されるゲイ」が終盤に近づくなかで主人公に迫ってゆく。『4匹の蝿』(71)ではゲイの私立探偵がユーモアと事件解決の正義感を携えて作品を彩った。アルジェントをそのジャンルの代表格とする「ジャッロ」が隆盛した頃には、

「クィア」で括られる「クローゼットから出た」多様なジェンダー／セクシュアルマイノリティを、もはや「存在しない」ことにするのは不可能だった。(※3)

　北イタリアの避暑地を舞台に男性同性愛を描いた『君の名前で僕を呼んで』(17)で一躍有名となったルカ・グァダニーノ監督による『サスペリア』(18)でクィア性が顕著に認められるのは、そのキャスティングにおいてである。まずはなんといってもマルコス・ダンス・カンパニーを仕切るマダム・ブランを演じたティルダ・スウィントンは自身をクィアと名指している俳優でもあるが、デレク・ジャーマン監督の『カラヴァッジオ』(86)他やペドロ・アルモドバル監督の『ヒューマン・ボイス』(20)、アピチャッポン・ウィーラセタクン監督の『MEMORIA メモリア』(21)など、ゲイを公言している映画作家とのタッグも多い。スウィントンはマダム・ブランだけでなく男性であるヨーゼフ・クレンペラー博士まで演じたが、過去にはサリー・ポッター監督の『オルランド』(92)でも男性と女性の間を自在に移行する人物を演じていた。さらにいえばスウィントンは役者として初めて銀幕に現れた『カラヴァッジオ』(86)で少年のような飾り気のない出立ちで現れながら中盤を過ぎたあたりで華美なドレスに身を包み、バンダナを取って長い髪の毛を露わにする。まるで少年から大人の女性へと性別越境するような変身は、のちの『オルランド』を、ひいては『サスペリア』をも予告していただろう。あるいは、マルコス・ダンス・カンパニーの一員だったパトリシアを演じたクロエ・グレース・モレッツは、バイセクシュアルの女性映画作家デジレー・アカヴァン監督による『ミスエデュケーション』(18)で、同性愛矯正治療施設へ強制入所させられるレズビアンを演じていたことも付言しておきたい。

　グァダニーノ版『サスペリア』ではマダム・ブランと主人公スージーの意味深長な視線の交差、じっとりとした手と手の触れ合いをはじめとして、クィアネスの含みが随所に立ち現れる映画に仕上がっている。それに較べればアルジェント版『サスペリア』はきわめてわかりにくいが、クィアな観客の「読み」を可能にするテクストとし

て十分に開かれているように思われる。ホラージャンルはむろん、クィアな登場人物たちを殺人者や犠牲者など不当な役割に陥れてきた一方で、クィアな観客はストレートな観客とはまた違う仕方で没入し、複雑な共犯関係を結んできたといえる。つねに自分たちを虐げてくる得体の知れない恐ろしい存在に怯えながらも、いつの間にか押し込められてしまった奇妙な世界でサヴァイヴしなければならない／ならなかった自分を、そこに見るのだ。アルジェント版『サスペリア』の終幕、風が吹きすさび荒れ狂うなか燃え盛り崩壊しゆく世界を背景に、打ち破られたドアからカミングアウトした「ファイナル・ガール」たりえるスージーの姿は、その意味において解放と希望を看取させずにはおかない。

（※1）山崎圭司、岡本敦史編「別冊映画秘宝サスペリア マガジン（洋泉社MOOK 別冊映画秘宝）」（2019）洋泉社
（※2）https://vidor.ca/2020/10/11/argento-and-positive-queer-representation/
（※3）Mackenzie, Michael (2013) Gender, genre and sociocultural change in the Giallo : 1970-1975. PhD thesis, University of Glasgow.

サスペリア（1977）
SUSPIRIA
監督：ダリオ・アルジェント
脚本：ダリオ・アルジェント、ダリア・ニコロディ
音楽：ゴブリン、ダリオ・アルジェント
出演：ジェシカ・ハーパー、アリダ・ヴァリ、ジョーン・ベネット

『サスペリア＜4Kレストア版＞』アルティメット・コレクション（初回限定生産）、Ultra HD Blu-ray 通常版　発売中
発売元：ハピネット／是空
販売元：ハピネット・メディアマーケティング

デタラメのなかの美意識

『インフェルノ』

上條葉月

『インフェルノ』は『サスペリア』に続く魔女三部作の2作目である。本作は『サスペリア』の後『ゾンビ』の製作を務めたアルジェントが次の監督作として年月を空けずに監督した作品だ（つまり本来ならこちらが『サスペリア2』なわけである）。三部作と言っても、3作目の『サスペリア・テルザ 最後の魔女』は2007年と製作に時間が空いている。

『インフェルノ』は前作『サスペリア』、そして製作・監修した『ゾンビ』の成功を経て、初のアメリカ資本で作られた作品である。実際にはほとんどがローマのスタジオで撮影されたが、部分的にニューヨークロケも行った。音楽においてもこれまでのエンニオ・モリコーネ、そしてゴブリンらイタリアの音楽家ではなく、キース・エマーソンを起用している。

『三母神』という本を読んだニューヨークに住む主人公の姉は、自分の住むアパートが世界を滅ぼす三母神の一人、暗黒の母の住処なのではないかと疑い始める。冒頭彼女が本を読む中で、溜め息の母の館はフライブルグにあることも語られ、つまりは『サスペリア』のドイツの魔女もその三人の一人であったことが後付けのように観客に明かされる。『サスペリア』で用いられた赤青のビビッドな照明やショッキングなシーンなどの映像美はそのままこちらにも引き継がれているが、前作に比べると本作は話が複雑だ。『サスペリア』はシンプルに、ドイツへやってきた主人公が館に向かうところから始まり、彼女が館を抜け出すところで終わる。だが同じ一つの館をめぐる物語でも『インフェルノ』は観客を迷わせ続ける。初めにこの館をめぐる謎の扉を開けるのは住人のローズだが、物語は突如ローマへ飛びだし、まず弟のマークに宛てた手紙を読んだその恋人が襲われる。そしてローズ自身も、今度こそヒロインかと思われたその友人も殺され、結局はローマからやってきたマークが一人魔女と対峙することになる。

すでに魔女の館であることも、姉が殺されたことも知った観客にとって、何も知らずに姉を探し続けるマークはそれほど魅力的な主人公ではない。本作の面白さは他のアルジェント作品同様、本筋ではなく、意味の分からない展開や登場人物にある。ローズの手紙を読んだマークの恋人サラは図書館で「三母神」について調べ

るのだが、なぜか出口を探していると火をくべた鍋だらけの謎の部屋に辿り着く。なんで図書館の地下にこんな場所が？という理由は語られず、とかくインパクト勝負で、禍々しいホラー演出を突如ぶちこんでいる。そこで謎の男に襲われたからと言ってエレベーターで乗り合わせたスポーツ記者を突然部屋に招くのも意味不明だ。そうした唐突な展開の最たる例が、突然知らされる皆既月食の夜、古本屋のカザニアンが池に猫を沈めようとしてネズミに襲われ、挙句のはてに全く物語と関係ないホットドック屋に殺されるシーンだろう（アルジェントと助監督のランベルト・バーヴァはこのシーンで実際にピト

エフにネズミを放ったとか）。このシーンでカザニアンが殺される動機もホットドック屋の正体も全くよくわからない。猫をいじめちゃだめってことなのか。

『インフェルノ』はとにかく猫の映画でもある。冒頭、ローズが地下空間を発見する予兆のように登場する猫たち。マークに何かの訪れを告げるかのように教室で猫を抱えた女。猫が使い魔と言ってしまうのは安易だが、この映画には妖気が漂うように猫が漂っている。

本作の特殊効果と一部演出（第二班）はマリオ・バーヴァが担当した。アルジェントはバーヴァのトリック撮影の技術がずば抜けていたと絶賛している（詳しくは

『モデル連続殺人！』のブルーレイ特典映像で語られている）。『サスペリア』や『インフェルノ』の色鮮やかな照明は当然『モデル連続殺人！』などに見られるバーヴァお得意のリアリティを無視した幻想的な原色の照明を思い出させるが、そうした視覚的な美学や効果を追求したのは、照明だけではなく、美術やセット、演出においても同じだ。マークが恋人の家にたどり着いた時、すでに襲われて息絶えた恋人が布を切り裂いて倒れてくる。こちらは彼女が襲われるシーンをすでに見ているわけだから、彼が普通に死体を発見しても面白くない。この布どこから出てきたのって感じではあるが、観客を驚かせることを

優先する。

　肝心のニューヨークのアパートの美術もめちゃくちゃだ。外装から内装、調度品まで美しく揃えた『サスペリア』に比べると、ニューヨークのこのアパートは一見普通のアパートなのに、ハマると出られないお化け屋敷のような異空間が展開していく。ローズの部屋はきちんとした部屋だが、不安を感じて廊下に出れば（どこからか）鮮やかな照明に照らし出された廃墟としか思えぬボロボロのフロアが現れる。逃げ回っているうちに、気づくと蜘蛛の巣と割れた窓ガラスだらけの空間、そして地下へとつながっていくのだ。アパートとして世界観はまったく辻褄が合わないが、そのデタラメなお化け屋敷感に無理矢理引き込まれる。

『インフェルノ』は失敗作扱いをされることもあるし、実際美しいゴシック・ホラーとしての完成度は前作に劣るだろう。それでもこのデタラメさと映像美学が同居する本作にはアルジェントらしい魅力が詰まっている。

インフェルノ（1980）
INFERNO
監督・脚本：ダリオ・アルジェント
音楽：キース・エマーソン
出演：リー・マクロスキー、アイリーン・ミラクル、アリダ・ヴァリ
ダリア・ニコロディ

DVD & Blu-ray 好評発売中
価格　6,800 円
発売元　是空／ハピネット　販売元　ハピネット・メディアマーケティング

暗闇の領域

『シャドー』

山崎圭司

—私は恐怖が振りまくある種の快楽の賛美者である。意識の奥底に潜む血まみれの恐怖の快楽を観客にふりかけたい。これは私からの挑戦だ。私たちはもっと自然に、混沌と快楽の世界を受け入れるべきではないだろうか。

本作の日本劇場公開時、アルジェントはこんな声明文を出したが、確かに『シャドー』はアルジェント映画のなかでも特に挑発的だ。

推理小説作家ピーター・ニールの新作「暗闇」を巡り、次々に凄惨な殺人事件が起こる。映画は本を開くことで幕を開け、頁の文字をなぞり「長年、自分を苛む屈辱感を殺人で一掃した」と語る殺人者の狂える思念に我々を同調させる。

宣伝活動でローマを訪れたニールは、自著に異常な執着を抱く謎の人物につきまとわれる。黒手袋の怪人物は、「暗闇」を万引きした売春婦を、続いて小説を性差別主義と切り捨てたレズビアンの記者とその恋人を殺害する。被害者は皆美しく、魅力的で、セックスの主導権を握り、女は男の奴隷ではないと公言する女性たち。彼女らを片っ端からカミソリで始末する前半は、まさにミソジニーな趣向。現代の病を感じる切り口だ。犯人はそんな女性に恐らく一方的な屈辱感を抱く人物。本の記述を引用した脅迫状を寄こす殺人者の心理を分析し、ニールは独自の推理で追い詰めてゆくが……。

主人公のニールはアルジェントの自画像である。実生活でストーカーに追われ、批評家に女性嫌いと叩かれた苦い経験が投影されている。だが、『シャドー』は後半で突然、制御不能になる。正常の境界線が揺らぎ、事件を推理する者が新たな殺人を始めるのだ。

物語を寸断して挿入される眩い回想—海辺で赤い靴の少女（トランスジェンダーのエヴァ・ロビンスが演じる）から屈辱的な暴行を受ける少年—は、ニールを苛む記憶であり、「暗闇」は彼の罪の告白記であったと判明するのだ。

『歓びの毒牙』で強烈なトラウマが性別を超越した黒衣の殺人者に変容したように、ニールの心にも「暗闇」の領域が生まれた。赤い靴で蹴られ、顔を踏まれ、踵を口に押し込まれた忌まわしい瞬間を再現するように、殺人鬼は浮浪者を蹴り飛ばして闊歩する娼婦の口に「暗闇」の頁を引き千切って詰め込む。海辺の暴行と娼婦殺し、

2つの出来事は因果を超え、共鳴する心の「暗闇」で確実に結ばれている。その暗い混沌渦巻く虚構で血に飢えた影＝シャドーを操るのは誰であろう、創造主アルジェントなのだ。

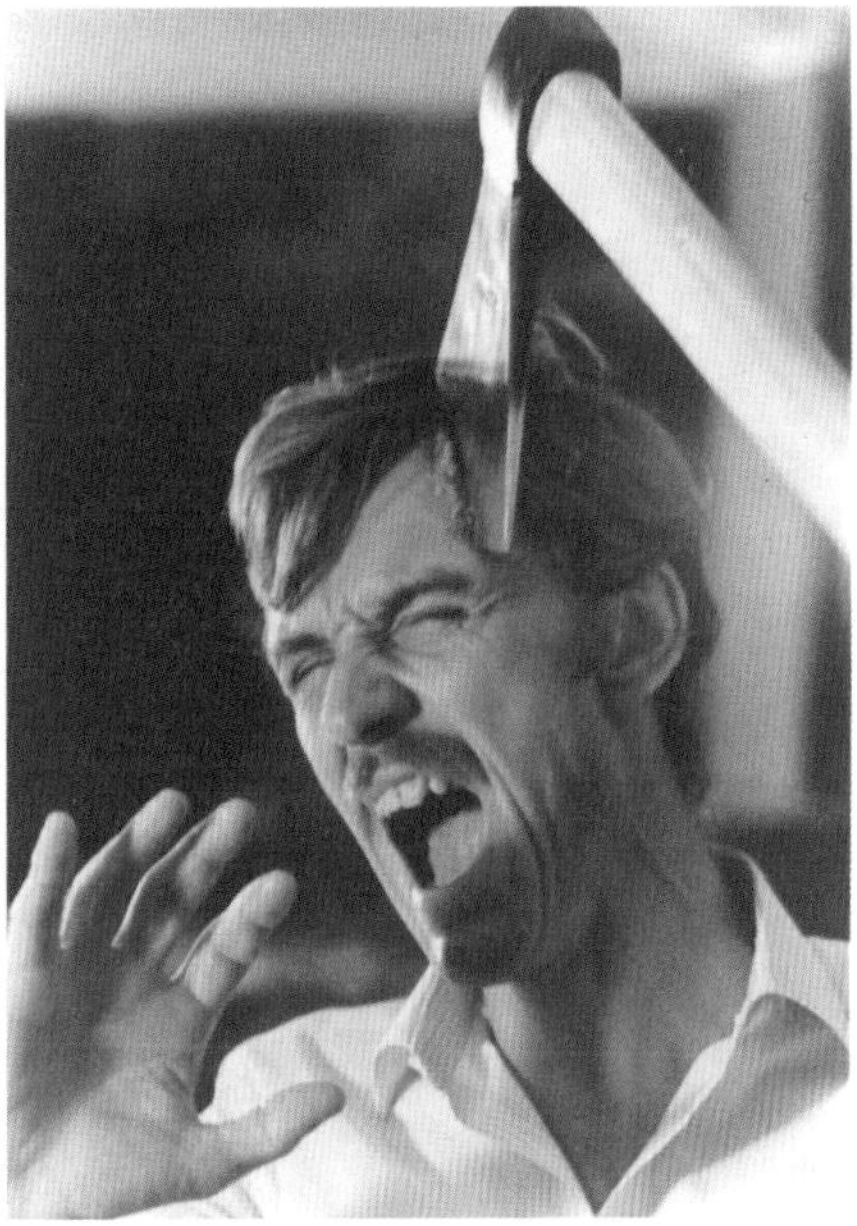

シャドー（1982）
TENEBRE
SHADOW

監督・原案・脚本：ダリオ・アルジェント
音楽：クラウディオ・シモネッティ、ファビオ・ピナテッリ
　　　マッシモ・モランテ
出演：アンソニー・フランシオサ、ダリア・ニコロディ
　　　ジョン・サクソン

美少女と鮮血『フェノミナ』

真魚八重子

ホラー趣味を解せない人に、血の美学や残虐美を説明しても、ただ悪趣味と思われるだけだろう。アルジェントの世界も言葉で理解してもらうものではない。鑑賞して、魅入られた人だけが、アルジェントの映画を愛する人々と共感し得るというだけだ。

アルジェントの映画を列挙していっても、その殺人鬼たちに目立った共通項や、メッセージ性を見つけるのは難しい。幼少期に見た煽情的なものが、トラウマとして脳裏にこびりついていたり、何かを隠蔽するために殺人を犯したりするパターンは何度かあるが、類似性を見出せるほどでもない。『4匹の蝿』のように、殺人衝動の理由を何度聞いてもピンとこない作品もある。

これは、ある意味殺人鬼の心理に対して、軽い意味合いしかないという、評論における分析を拒む難物だ。映画の本質として殺人にたいした理由がないのは、納得がいかないものである。しかしアルジェントが見せたいのは、動機よりも殺人シーンそのものなのだ。彼の映画には異様なテンポの良さと、一種独特の、観客に理屈を考える暇を与えないストーリーテリングという特徴がある。それは殺人と殺人をつなぐシーンで、複数の人物がガチャガチャと同時進行で、それぞれの話を進めるといったギミックが使われる。それだからこそ、アルジェントの映画は殺人が大量に起こり、鮮やかな殺しの場面が次々と展開する。理由がないゆえに立て続けに殺人を描けるのだ。

また、美少女と残虐の美学も

アルジェントの映画の魅力のひとつだ。特に『フェノミナ』はアルジェントの代表作『サスペリア』を髣髴とさせる、孤独な美少女の恐怖体験の物語だ。この映画のジェニファー・コネリーは若い時分でも特に、白い頬にさしたほのかな赤みといい、髪の艶やきめ細かい肌といい、最高に輝いている時期だろう。アルジェントの映画で大事なことは、可憐なジェシカ・ハーパーやジェニファー・コネリーと、鮮血は美でつながっているということだ。美少女と鮮血の儚さ、妖しさ、甘美さ、一瞬の鮮やかさ……。現実では生臭く恐ろしいものであっても、映画の殺しによる鮮血は美が宿っている。美少女と血という、ある意味対極に思えるそれらが揃っているから、アルジェントの映画は芸術として観ることができるのだ。

アルジェントの映画に深い理屈を求めてはいけないことは前述した。それは殺人鬼の移動方法、時間的に殺人は可能か、という問題も含む。そういったことにこだわってしまうと、アルジェントの映画の純粋化された殺人の悦楽が薄らいでしまう。アルジェントの映画では、殺人は不可能から解放されて、結晶のように完璧で重要な場面となる。なんであれ、登場人物は一人になるとすでに犯人の目線に囚われており、もはやその刃物の切っ先から逃れられない。

目線というのは、アルジェントの映画では謎めいた雰囲気を一気にかもす、重要なものだ。人の姿はなく、その存在の視線をカメラが表す場合は、大体は不吉さを宿している。いささかローアングルで滑るように人込みを抜けていく誰かの主観は、たいていは犯人のものだ。ただし本作は多少変則的といえるかもしれない。現在、この犯人像を想定した場合は、ポリティカル・コレクトネス的に避けられる可能性が高いだろう。そもそも、アルジェント作品における犯人の中で、もっとも犯行動機やキャラクター性を考えられていない、人間的魅力に乏しい殺人鬼である。

それに対してジェニファー・コネリー演じる主人公のジェニファーは、虫と交信できる特異な能力を持っている。スイスの女子寮に入ったジェニファーは、俳優である父親との関係がうまくいっておらず、不安によるためか夢遊病の発作が出てしまう。街を徘徊しているところを不良に絡まれ、林に逃げて転げ落ちた彼女を助けたのは、足が不自由な昆虫学者のマクレガー教授（ドナルド・プレザンス）と、その介助をするチンパンジーのインガだった。マクレガーは昆虫とジェニファーの関係にも深い理解を示す。

インガはこの映画において、とてもいじらしく愛すべき存在だ。マクレガー教授の親友であり、彼の世話を焼いている。マクレガー教授が殺害されたあとは、悲しみと怒りに満ちた咆哮をし、街をさまよううちに剃刀を手に入れる。

アルジェントの映画で動物がラストで果たす役割は大きい。それは犯人が、アルジェントの手法では人間として不可能な立ち回りをし、あまりに怪物じみているので、対決をできるのが本能や人間にはない直感を持った、動物しかないからだ。そのため、『フェノミナ』はチンパンジーの他に、ジェニファーを守るのは昆虫たちである。ただし、いろんな虫がいる中で、蠅を選ぶあたりがアルジェントらしいが……。『オペラ座 血の喝采』で犯人を襲撃するのはカラスだし、最新作の『ダークグラス』でも盲導犬が犯人を襲って主人公を救う。殺人鬼という超然とした存在に叶うことができるのは、我々にはわからない知覚を持つ動物や昆虫だと、アルジェントの映画は明らかに示している。

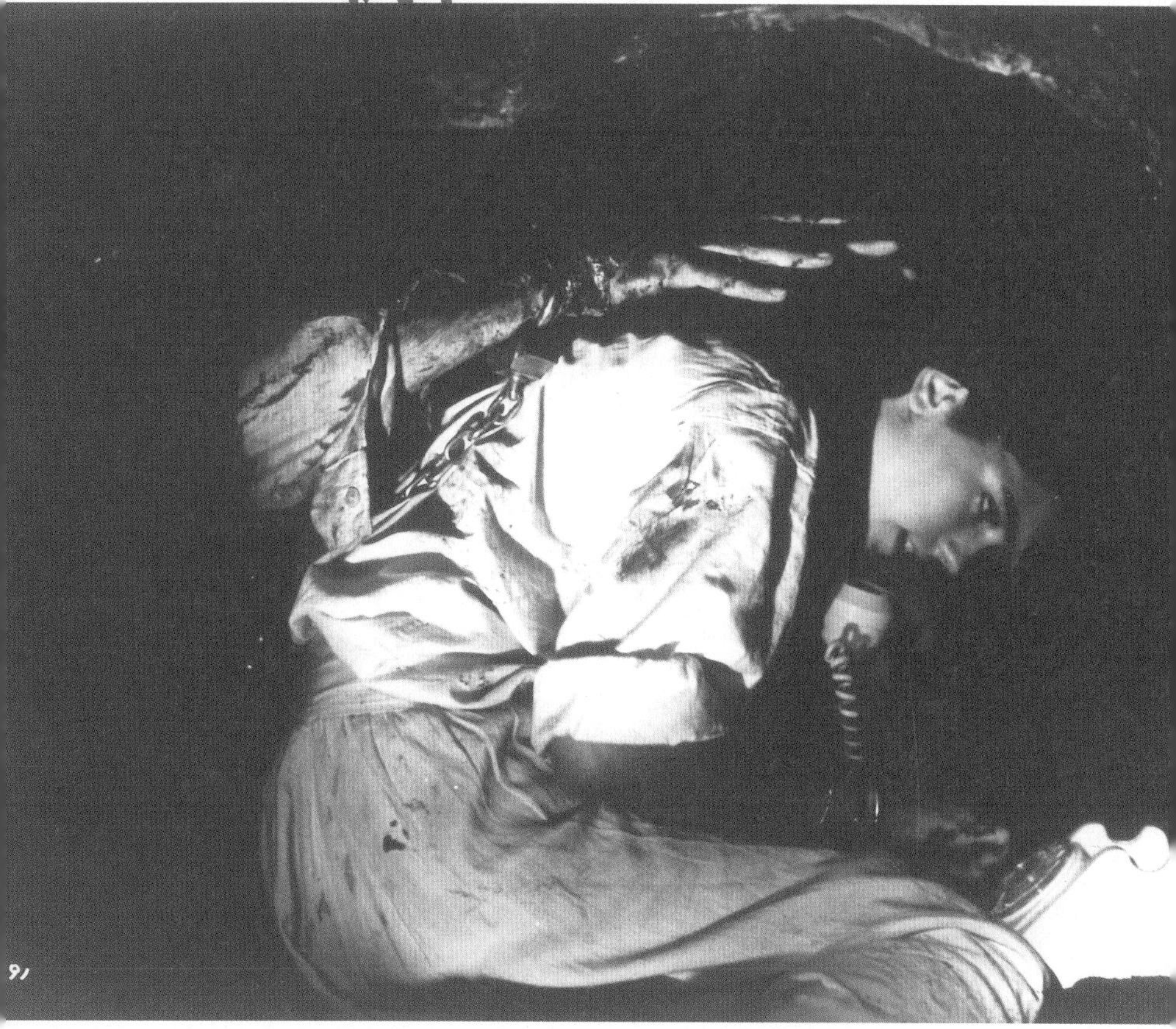

フェノミナ（1984）
PHENOMENA
CREEPERS
監督・製作：ダリオ・アルジェント
脚本：ダリオ・アルジェント、フランコ・フェリーニ
音楽：ゴブリン、サイモン・ボスウェル
出演：ジェニファー・コネリー、ドナルド・プレザンス、ダリア・ニコロディ

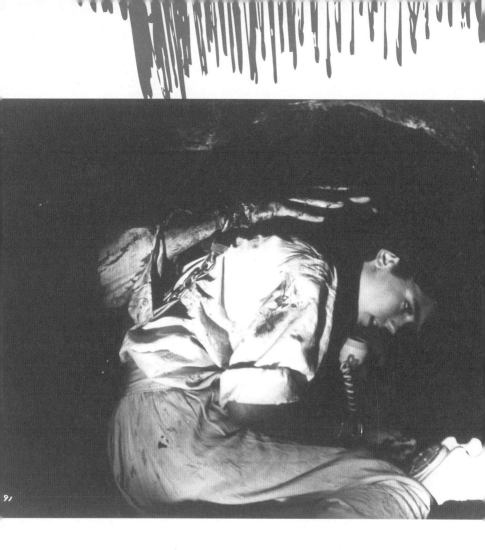

殺戮の創意

『オペラ座 血の喝采』

真魚八重子

ヴェルディのオペラ『マクベス』は、『四谷怪談』のように上演すると不幸を招くといわれる演目である。新進のオペラ歌手であるベティは、マクベス夫人を演じるはずのベテラン歌手が事故に遭ったため、急遽この大役に抜擢された。ベティの初舞台は好評を博したが、初日に照明担当が公演中に殺害されるという事件が起こる。

舞台は映画監督のマークが演出し、本物のカラスを使うという大胆なものだ。映画のファーストカットも大写しにしたカラスの瞳に映り込む観客席という、印象的なショットから始まる。ベティの歌声は高い評価を得つつ、舞台裏では残虐な事件が起こりつつあった。ベティを尾行する犯人は、深夜に彼女を柱に縛り付け、目をつむることができないように、両目の下瞼に針を貼り付ける。そして彼女の目の前でボーイフレンドを惨殺する。

『オペラ座 血の喝采』の殺戮シーンは、アルジェントの作品においても、もっとも多彩で創意工夫に溢れているのではないか。ナイフで頬を刺され、貫通した刃先が口内に見えるギミック。証拠となる犯人のブレスレットを決死の思いで飲み込んだ衣装係は、喉から胸を裂かれてブレスレットを奪われる。そして玄関扉の覗き穴を覗いたダリア・ニコロディの、眼球めがけて発射される銃弾。この場面は覗き穴を通過する銃弾のショットや、ニコロディを貫通した弾丸が電話機に当たって破裂するなど、ショッキングな描写が詰め込まれている。ベティを救い出す同じアパートの少女という、反則ギリギリのキャラも物語が崩壊寸前で、特殊な魅力がある。

オペラ歌手は声に艶を持たせる

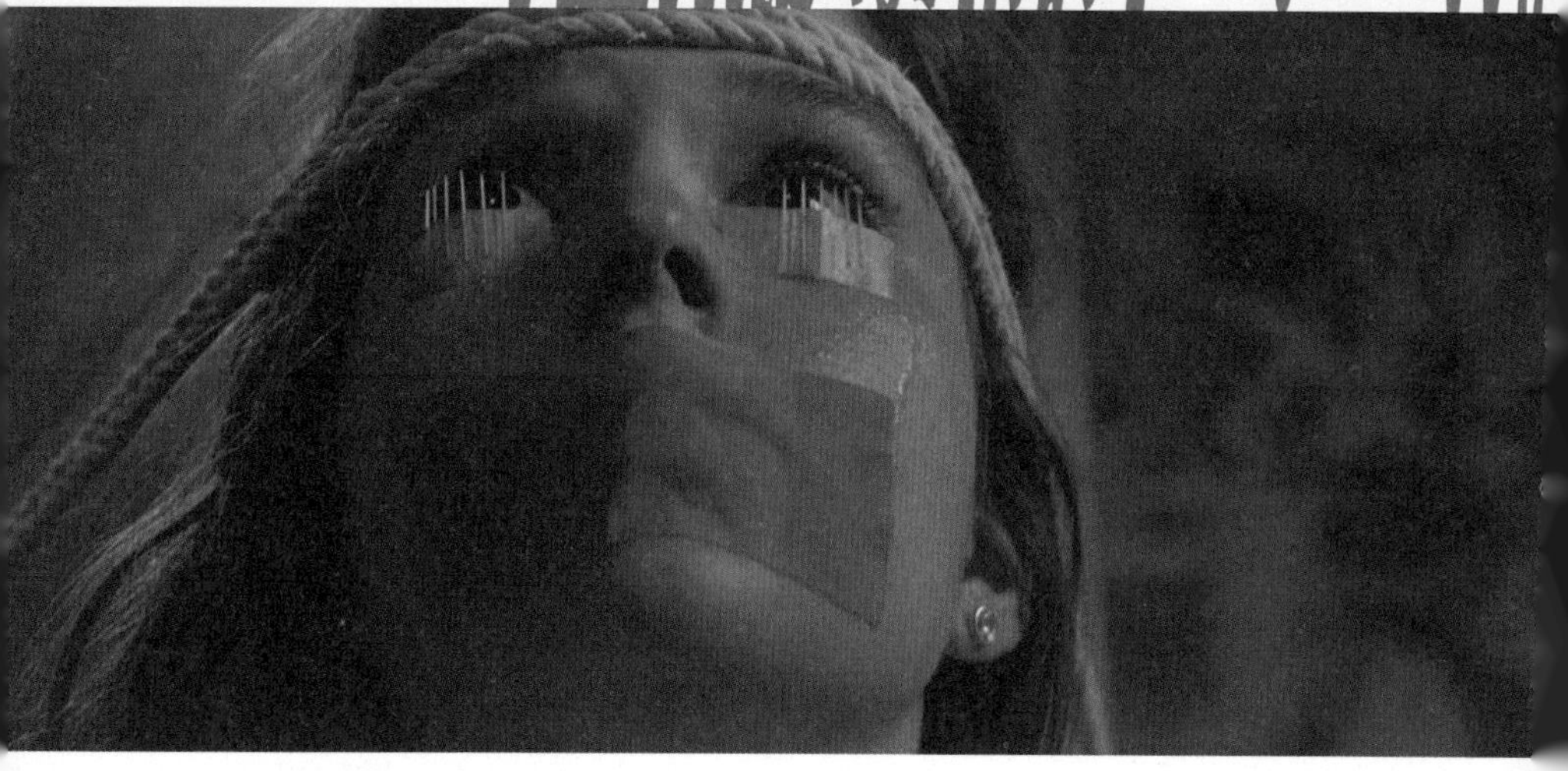

ため好色だ、といった噂がある。犯人はまさにその通りだった母の姿をベティに投影している。だが母への反発から、ベティは不感症になってしまっている。

　最初に日本で公開されたバージョンは、ベティが静養に来ていたスイスの高原で犯人が逮捕される。そしてベティが「わたしは母とは違う！」と、犯人の欲望を完全に拒絶する場面で終わっていた。しかし本作には本来完全版が存在し、２０１４年に日本でもソフトが発売された。こちらは犯人逮捕後、マスコミから逃れたベティが、「もう誰にも会いたくない　なぜなら私は彼らとまったく違う異質の存在だから　私は風が好き　蝶が好き……」という不思議な内声とともに、草むらに埋もれ、枝に挟まれたトカゲを助けるシーンで終わる。夢のようなシークエンスだが、快楽殺人や肉欲といったものの対極として、この不意打ちめいた可憐な宣言が必要だったのではないか。

オペラ座／血の喝采（1988）
OPERA
TERROR AT THE OPERA
監督：ダリオ・アルジェント
脚本：ダリオ・アルジェント、フランコ・フェリーニ
音楽：ブライアン・イーノ、クラウディオ・シモネッティ
出演：クリスティナ・マルシラック、ウルバノ・バルベリーニ
　　　イアン・チャールソン、ダリア・ニコロディ

娘アーシアを本格的に女優として開眼させた、フェィッシュな首チョンパ映画

『トラウマ／鮮血の叫び』

ナマニク（氏家譲寿）

アルジェント・ファンには本当に申し訳ないのだが、娘アーシア・エルジェントに対するダリオの姿勢は、とにかく気持ち悪い。制作に関わった『デモンズ2』ではデモンズに取り囲まれた車に取り残される幼女、『デモンズ3』では中世から続く呪いの秘密を知る少女を演じさせた。実の娘を化物に襲わせたり、中世の拷問の内容を娘に語らせたりと、この時点で気持ち悪いが過ぎる。しかし『トラウマ／鮮血の叫び』は、ストーリーの公私混同っぷりも含め、気持ち悪さが倍増している。本作はアーシアの映画初主演作品。このとき彼女は17歳、最も多感な時期だ。普通であれば、年頃の娘を映画デビューさせるとなれば、華やかな役柄を用意するはず。しかし、アルジェントはそういう監督ではなかった。年頃の娘に拒食症の役をあてがったのだ。

『トラウマ／鮮血の叫び』は、目の前で両親を首チョンパマシーンで惨殺される拒食症少女アウラを鬱々と演じるアーシアと定番アルジェント節を楽しむ映画だ。実際に拒食症の役作りをし、ガリガリになったアーシアの鬼気迫る芝居は見事耐え十分。そして、両親共、首を切断されたかのように見えるが実はフェイクで、母親が実は生きており、殺人を繰り返していた！という視点トリックも『歓びの毒牙』から続くアルジェント節も55楽しく見られる。加えて首に掛けられたら最

後、巻き付いた針金が首を切断するまで止まらない首チョンパマシーンの存在感！　切られた首が突然しゃべり出したりするのも、いかにもアルジェントらしいファンタジックな表現だ。

　しかし、殺人を繰り返すアウラの母、エイドリアンから感じる狂気がアルジェント作品の中ではピカイチなのが気になるところだ。というのも元妻でアーシアの実母ダリア・ニコロディへの偏屈な憎しみが込められているように思えてならないのだ。演じているのが憎まれ役を演じさせたら右に出る者はいない名優パイパー・ローリーであることも手伝って、それはもう強烈。

『フェノミナ』では、ジェニファー・コネリーをウジ虫風呂に突っ込み、ラストでニコロディの顔面を切り裂いてみたが、本作からはそれと同じものを感じる。要は年頃の娘への偏愛と大人の女性への憎しみである。

　アルジェントはシレっと「私はアーシアをじっくり観察し、適役であることを悟った」と言っているが、これめちゃくちゃ気持ち悪くないですか？

　これが父サルヴァドーレから受け継いだ家族愛なのか、変態的な父性なのかは定かではないが、この奇妙な絆は次作『スタンダール・シドローム』、『オペラ座の怪人』へと引き継がれていく。

　ちなみにエンドクレジットで踊っているのは、ダリオの前妻の娘タリア。彼女は『トラウマ／鮮血の叫び』公開翌年、交通事故で他界している。ダリオにとって血縁は大事な要素なのか、それとも……。

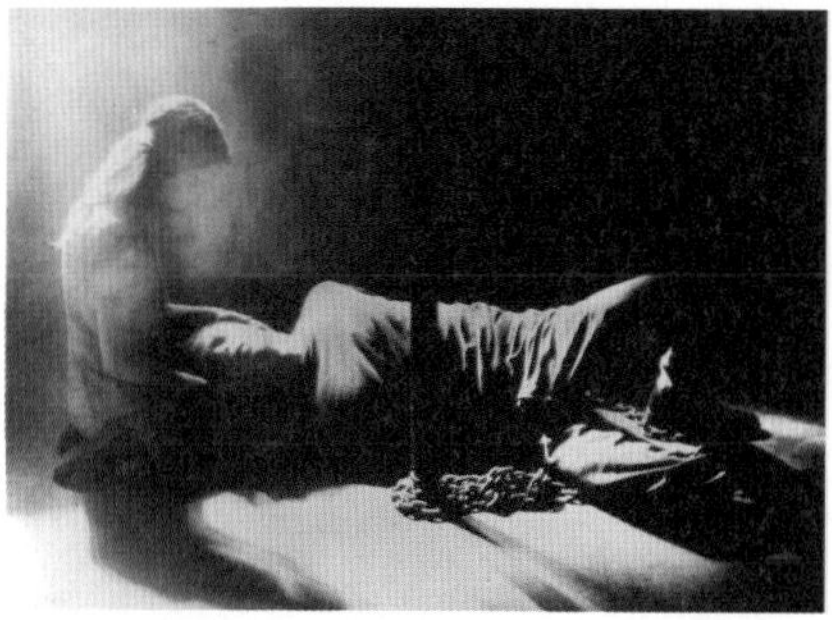

トラウマ／鮮血の叫び（1992）
TRAUMA
監督・制作：ダリオ・アルジェント
原案：フランコ・フェリーニ、ジャンニ・ロモーリ
　　　ダリオ・アルジェント
脚本：ダリオ・アルジェント、T・E・D・クライン
音楽：ピノ・ドナッジオ
出演：アーシア・アルジェント、クリストファー・ライデル
　　　パイパー・ローリー

繰り返される大文字のアートへの接近

『スタンダール・シンドローム』

高橋ヨシキ

それがフィレンツェだろうがローマだろうが、あるいはシエナやトリノでも良いが、そういう数あるイタリアの古都で生まれ育ち、日々の生活を送るという体験は想像を絶するものがある。そのような土地で感じる、街自体が歴史そのものであり、美術品であるという感覚は圧倒的で、教会や美術館にたどり着く前に〈スタンダール・シンドローム〉に陥ってしまいそうになる。わずか数日、旅行で訪れただけでもそうなのだから、そこに暮らし、生きるということがどれほど精神に影響を与えるものか、考えるだけで目眩がしてくるほどだ。

そのような環境で創作活動をするということは畢竟、芸術史と日々対峙することを迫られるということである。多くのイタリア人映画監督同様、ダリオ・アルジェントもこの点に関して自覚的であり、彼の作品においてはそのことを強く喚起させるロケーションが効果的に使われてきた。『サスペリアPART2』の国民解放委員会広場、『サスペリア』のケーニヒス広場、『インフェルノ』のアンジェリカ図書館、『サスペリア・テルザ』のサンタンジェロ橋、『フェノミナ』のヴィラ・ヴェーゼンドンク、『オペラ座　血の喝采』のパルマ王立劇場……。このうち『オペラ座　血の喝采』はそれ自体すでに血まみれなヴェルディの歌劇『マクベス』をウルトラ・ゴアなスラッシャー映画と接続せんとした試みとして重要であり、ウフィッツィ美術館が擁する錚々たるコレクションを通じて暗黒の迷宮へと精神がさまよい込む『スタンダール・シンドローム』と通底している。そもそも『サスペリア』の舞台はバレエ学校だったわけで、アルジェント映画がたびたび大文字の、古典的な芸術への接近を繰り返してきた事実については単なる必然以上のものがあると筆者は考える。

『スタンダール・シンドローム』の主人公アンナ（アーシア・アルジェント）はウフィツィ美術館でアートに撃たれて〈スタンダール・シンドローム〉を発症し、一種の変性意識状態へと突入する。特殊効果を駆使して描かれる〈トリップ〉の数々はどれも興味深いが、彼女が全身に絵の具を塗りたくって絵画「そのもの」になろうとする場面はとくに重要である。モチーフとしての絵画「世界」に入るのではなく、自らがメディウムとなってアートとの合一を試みるのはなぜなのか。その合一は映画のラスト、彼女がミケランジェロのピエタ像のように運ばれていく場面において、皮肉で痛切な形で実現するわけだが、筆者はそこにアルジェントのアートへの渇望と憧憬が垣間見えたような気がしてならない。アートとの合一はすなわち「映画そのもの」との合一でもあるはずだからである。

スタンダール・シンドローム（1996）
THE STENDHAL SYNDROME
監督・脚本：ダリオ・アルジェント
原案：フランコ・フェリーニ、ダリオ・アルジェント
音楽：エンニオ・モリコーネ
出演：アーシア・アルジェント、トーマス・クレッチマン

新説『オペラ座の怪人』

はるひさ

1877年、パリ・オペラ座。ある夜、若く美しいオペラ歌手クリスティーヌ（アーシア・アルジェント）が1人で歌っていた。オペラ座の地下に潜むファントム（ジュリアン・サンズ）は、そんな彼女の歌声と美貌に魅了される。クリスティーヌもまた、彼に夢中になり、2人は逢瀬を重ねる。一方ネズミ退治主任は、オペラ座の地下に巣食うネズミを駆除するため躍起になっていた。その頃、オペラ座にはファントムによる怪奇現象の噂が広がっており、新聞社が調査をはじめる。

ダリオ・アルジェントの作品であることを加味しても、『オペラ座の怪人』はかなりエキセントリックだ。

飛びぬけて荒唐無稽なのがファントムのキャラクターだ。赤ん坊の頃に、籠で川に流されているところをオペラ座の地下に棲むネズミに助けられ育てられた彼は、ネズミと家族のような強い絆で結ばれた金髪の美形で、トレードマークである仮面をつけていない。そして怪力で、念話能力もある。人間嫌いで、彼らが地下にくると、残忍な方法で殺してしまう。クリスティーヌと相思相愛になり体の関係を持つが、ネズミとの性的触を目撃されて、別の男に乗り換えられてしまう。

宿敵はネズミ退治主任イグナッス。ネズミを殺されるどころか、クリスティーヌとの関係を知られ、彼女の晴れ舞台にそのことを暴露されてしまう。

アルジェント作品らしく、ゴアシーンが興味深い。作業員が襲撃されるのだが、仲間が引き上げた時には上半身が切断され、無くなっている。イグナックスがネズミ捕りに手を突っ込んだ際は、ネズミが集まり、彼の手を骨が見えるほど齧っていく。他にも、高所から落とされ石筍《せきじゅん》に腹が刺さったり、舌に噛みつかれて引き抜かれたり、喉笛を噛みちぎられたりと、バラエティ豊かだ。70〜80年代よりもだいぶ大人しくなってはいるが、少女の指から見える死など、それぞれのショットに輝きがある。

今は亡きロニー・テイラーによる撮影にも、目を見張るものがある。

特にファントムの隠れ家や地下洞窟での、灯りで金色に強調された映像は美しい。ひとたび障害物で光源が隠されると、ジョルジュ・ド・ラ・トゥールの絵画を思わせる、厳かで静謐な画面が浮かび上がり、細部まで造り込まれた豪華なセットにさらなる説得力が生まれている。

『オペラ座の怪人』が公開されたとき、その反応は否定的なものが多かった（アラン・ジョーンズを除く）。たしかに、一般的な〝オペラ座の怪人〟とはかけ離れているが、個性的なキャラクターやアイテム、コミカルなシーンなどが多いので、アルジェントのダーク・ファンタジーと思えば、楽しく見ることができるのではないだろうか。

オペラ座の怪人（1998）
IL FANTASMA DELL'OPERA
THE PHANTOM OF THE OPERA
監督：ダリオ・アルジェント
原作：ガストン・ルルー
脚本：ダリオ・アルジェント
音楽：エンニオ・モリコーネ
出演：ジュリアン・サンズ、アーシア・アルジェント

アルジェントによるジャッロの「再発見」
『スリープレス』

高橋ヨシキ

ダリオ・アルジェントのフィルモグラフィで『スリープレス』が持つ意味合いは大きい。というのもアルジェントにとって本作は〈ジャッロ〉ジャンルへの帰還だからだ。『スリープレス』の前の数作品がどれほど〈ジャッロ〉ジャンルから乖離していたのか、ということについては諸説あるだろうが、アルジェント自身は「〈ジャッロ〉映画の魅力を再発見し」、「その伝統に立ち戻る」ところから本作が始まったと語っている。舞台となるトリノの街は、本作との共通項も多い『サスペリアPART2』を筆頭に『4匹の蝿』、『わたしは目撃者』、『サスペリア・テルザ 最後の魔女』などにアルジェント好みのロケーションを提供してきた場所でもある――トリノはまたイタリアにおける黒魔術の中心地であり、そのことがもたらす独特の不気味な雰囲気（アルジェントによれば「角を曲がるたびに、何か不気味なものに出会う」）も当然「〈ジャッロ〉への帰還」に必要不可欠なものだった。

『スリープレス』で最も印象に残るシーンの一つは間違いなく、劇場のカーペットを捉えた非常に長いワンカットで、その最後を締めくくるのは切断され落下するバレリーナの生首である。ここでは『サスペリア』や『サスペリアPART2』などにみられるアルジェント独特の「移動ショット＋音楽」の快楽がこれまで以上に引き伸ばされている（なお『オペラ座／血の喝采』の類似カットとの近似性は「劇場」というモチーフも含め最も高い）。このカットが

重要なのは、それが決して「サスペンス」や「ゴア」に回収され得ない、悦楽的な、もしくは耽溺的なモーメントを構成しているからだ。逆に言えば、このような「アルジェント的」としか言いようのないシーンは映画自体のシネマティックな構造に——少なくとも限定的かつ「保守的な」意味合いからすれば——寄与してはいない。そのような耽溺的な時間はまさに「ジャッロ」ジャンルの独擅場である。アルジェントが「再発見」した〈ジャッロ〉映画の魅力とは、そのような部分にあるのではないかと筆者は考えている。そんな場面を盛り上げる音楽を『フェノミナ』以来のタッグとなるゴブリンが提供しているのも嬉しい。

「古巣」に戻ってきたからだろうか、『スリープレス』は演出に一切の迷いが感じられないところも本作を特別なものにしている。そこに立ち上がるのは逡巡を振り切った〈ジャッロ〉のマエストロとしてのアルジェントの姿である。

スリープレス（01）
NON HO SONNO
SLEEPLESS
監督：ダリオ・アルジェント
脚本：ダリオ・アルジェント、フランコ・フェリーニ
音楽：ゴブリン
出演：マックス・フォン・シドー、ステファノ・ディオニジ、キアラ・カゼッリ

スリープレス < コレクターズ・エディション > Blu-ray
6,600 円（税込）
発売元　是空　販売元：TC エンタテインメント

アルジェント流デスゲーム　『デス・サイト』

片刃

「ハロー警察諸君、ゲームをしよう」とはさすがにアナウンスしないし、懸かっているのも自分のではなく他人の命だが、アルジェントがデスゲームに手を広げた。アルジェントいわく「スリラーに現代の問題を絡めた」そうだが、彼と相性が良いのは現代の闇よりも、ポーカーの得意な少年が誘い込まれる夜のローマの街が醸し出す古くからの闇ではなかろうか。

　美女が惨殺される様をこれでもかとねちっこく映像に収めてきたアルジェントには、ポーカーゲームに参加させることで強制的に目撃させられるネット殺人は、一見おあつらえ向きの武器に思える。にもかかわらず、小さなウィンドウに顔のどアップが収まっているのみで、犠牲者の恐怖しか見えてこない。「思わず目を背けたくなるまでの残酷描写」（DVDパッケージのイントロダクションより）も何も、肝心の刃物が突き立てられる瞬間すら映っていない。当時の技術の限界もあっただろうが、固定のウェブカメラと粗いままの映像では、アルジェントの殺人美学は表現しづらかったのかもしれない。……と百歩譲って擁護したとしても、ネット中継されていない死ですら描写が素っ気なく鮮血の一滴も視界に入らないとはどういうことか。

　結果、しつこく映し出されるポイントは「どうやって殺されるか」ではなく、「殺されたあとどんな感じになるか」だった。殺害後水に沈められた遺体のジュクジュクした皮膚の質感、傷口や鼻腔に入り込むピンセット、検分をする際に口をこじ開けるとボキボキ音が、あるいは体内のガスが原因でいかにも生臭そうな水が噴出……という生々しさは見応えはある。が、アルジェント映画で観たい描写ではなかったはずだ。

　緊迫のはずなのにユルい殺人ポーカーに決着をつけるのは、主人公の刑事アンナ・マリの挑発と、それにアッサリ乗った犯人のアホさ加減。「うっせぇどうあがいてもテメェなんか無しじゃバーカバーカ」（意訳）と爽快なまでのガチ切れ根性でピンチを乗り切るヒロイン像には、『サスペリア・テルザ』に通ずる道が見えてくる。

　なお、原案ではこの映画は『スタンダール・シンドローム』の続編で、アーシアを主演に再登場させるアイディアだったようだ。しかし精神不安定さのほうが際立つアンナ・マンニのキャラクターでは、このガチ切れ決着は想像しがたく、また彼女が不幸になってしまいそうな気さえする。同じ路線でいけるとしたら、やはり『テルザ』のサラ・マンディだろう。

デス・サイト（2004）
IL CARTAIO
THE CARD DEALER
監督：ダリオ・アルジェント
脚本：ダリオ・アルジェント、フランコ・フェリーニ
音楽：クラウディオ・シモネッティ
出演：ステファニア・ロッカ、リーアム・カニンガム
フィオーレ・アルジェント

ヒッチコックとの共通項とは

『ドゥー・ユー・ライク・ヒッチコック？』

高橋ヨシキ

　アルフレッド・ヒッチコックとダリオ・アルジェントの作品に何かしらの共通項があるのだろうか？　という質問をぶつけられた場合、おそらく筆者は「ほとんどないように感じられる」と小声で答えることだろう。といって、共通するものを見出すことは不可能ではない。おそらく筆頭に挙げられるのは（主に女性に対する）サディズムの発露ということになるのだろうが、ヒッチコックの複雑さに比べてアルジェントのそれはむしろあっけらかんとした印象に留まるものだ。異論もあるだろうが、鮮やかなゴア表現と結びついたアルジェントのサディズムが扇情的なパルプ雑誌のイラストレーションを彷彿とさせるのに対し、ヒッチコックのそれは私家版のポルノグラフィのような風合いを称えている。「見せる／見られるべきでない」もの（ヒッチコック）と、「スペクタクルとしてのサディズム／殺人」（アルジェント）の間にはかなりの距離がある。

　だが「見せる」ことについて、ヒッチコックとアルジェントを接続する装置があるとすれば、それはクローズアップをおいて他にない。『恐喝』（29）のパン切りナイフ、『汚名』（46）の鍵を持つ手、『逃走迷路』（42）で自由の女神からぶら下がった男のスーツの袖が破れていく超クローズアップ（『ドゥー・ユー・ライク・ヒッチコック』に類似シーンが登場したとき、もしや……と思ったがそれはなかった。本作のぶら下がり場面は最大のモチーフの一つである『めまい』（58）を逸脱するものではない）……ヒッチコック作品のクローズアップ・ショットはどれも忘れがたい。ではアルジェントはどうかといえば、『4匹の蝿』の電話線に始まり、『サスペリア』の自動ドア駆動機構のクローズアップ、『オペラ座／血の喝采』の銃弾などなど、印象深いクローズアップ・ショットは枚挙に暇がない。

『ドゥー・ユー・ライク・ヒッチコック』では鍵のロック機構の動きが執拗に顕微鏡的なクローズアップで挿入されるが、それは他のアルジェント作品のクローズアップ・ショットの多くと異なり、ショック描写を強調するためではなくミステリーの手掛かりとして提示される。問題はそれが物語の「鍵」だということが終盤まで明らかにならないところだが、ヒッチコック映画において鍵穴と鍵がどれほどの重みを持ってこれまで描かれてきたか考えるに、本作で最も「ヒッチコック的」な部分をそこに見出すことはそれほど的外れではないように思われるのだ……。

DO YOU LIKE HITCHCOOK ？　ドゥー・ユー・ライク・ヒッチコック？（2005）
TI PIACE HITCHCOCK?
DO YOU LIKE HITCHCOCK?
監督：ダリオ・アルジェント
脚本：ダリオ・アルジェント、フランコ・フェリーニ
音楽：ピノ・ドナッジオ
出演：エリオ・ジェルマーノ、キアラ・コンティ
エリザベッタ・ロケッティ、クリスティーナ・ブロンド

汚くエグい中にも爽快感

『サスペリア・テルザ　最後の魔女』

片刃

魔女は暴力で倒せる。いや、魔女って前二作で少しでも関わった人間も関係ない人間もことごとく惨死に追いやっていた恐るべき存在だろう。しかも三母神のうち最も美しく残酷な魔女が、そんな力技で倒されていいのか。

そういえば、ため息の母も暗闇の母も、一応刺し傷や火災など物理攻撃が致命傷にはなっていた。この作品の魔女勢も、ローマの街に破壊と狂気を蔓延させて大混乱に陥らせるほどの魔力を有していながら、直接人間と対峙する際はシメたり刺したりの暴力で制している。特に取り巻き連中は魔女というよりアッパーなゴス系不良なので、暴力至上主義でも違和感なし。じゃあ良き魔女の血を引く人間サラも、姿を消したり守護霊と交信したりできるくらいの魔力レベルだし、暴力で応戦するっきゃねぇか！　と思うのは錯覚だろうか。

問題は、暴力ゴリ押しであるがゆえに、腸掴み取り絞殺だの、目潰しだの、股から串刺しだの、ウド・キアの顔面原型を留めないくらいの頭カチ割りだの、惨殺描写が汚くグロい方向に行ってしまっていること。普通ゴア映画ならまぁそれぐらいはあって当然と思うところだが、残酷は残酷でもある種の美しさを描いてきたアルジェントがこの路線では、ガッカリ感がついて回るのは仕方あるまい。おまけに、『サスペリア』の正統な系譜であるこの映画がセピア色中心で、汚物と死体のドブ川という悪臭全開のシーンまで出てくるのでは、三部作中で明らかに浮いている。

それでも、日本人魔女をトイレのドアで挟み殺し、必殺Tシャツ泥棒で世界一凶悪な女子会を強制お開きにするサラの火事場のクソ力的な活躍は清々しい。その直後本当にクソまみれになりながら、「色々あったけどウチらやったどーーー!!」とばかりに笑うクライマックスには「うんうん、頑張ったよね!!」と褒めたくなってしまう。エンドクレジットはクレイドル・オブ・フィルスのダニ・フィルスがヴォーカル参加で、メタルファンの魂すらアツくする。全体的に汚さとエグさがありつつも、謎の爽快感に包まれた気がする……と思うのはやっぱり錯覚だろうか。あるいは、父監督・子ピンチに強いヒロイン・母強力魔女の守護霊と、三母神より強いアルジェント一家三位一体の魔力だろうか。

サスペリア・テルザ　最後の魔女（2007）
LA TERZA MADRE
MOTHER OF TEARS
監督：ダリオ・アルジェント
脚本：ダリオ・アルジェント、ジェイス・アンダーソン
アダム・ギーラッシュ
音楽：クラウディオ・シモネッティ
出演：アーシア・アルジェント、ダリア・ニコロディ、市川純
ウド・キア

ただ、黄色であるというだけ　『ジャーロ』

はるひさ

古都トリノで、外国人美女ばかりを狙った誘拐殺人事件が起きる。犯人は拉致した女性の肌を切り裂いて殺害していた。モデルのセリーヌ（エルサ・パタキ）が誘拐され、姉リンダ（エマニュエル・セニエ）は猟奇殺人専門のエンツォ警部（エイドリアン・ブロディ）を訪ねる。捜査を進める2人は、修道院前で息絶えた日本人女性が残した「黄色（イエロー／ジャーロ）」という言葉を手掛かりに、事件の核心に迫っていく。

『ジャーロ』（09）というタイトルを聞いた時、ついにダリオ・アルジェントが原点回帰するのだと、多くの人が思った。

しかしこの作品から受ける最初の印象は、アルジェントが「トーチャー・ポルノ」の領域に踏み込んだ、というものだ。

暗い監禁部屋の場面では、かつての鮮やかな色彩やダイナミックな構図による殺人の舞台装置は見られない。その代わりに、拷問描写によって我々の意識を画面の中へと引き込む。ハンマーを叩き込まれる顔や切断される指は痛々しく、強い悪意を感じる。

また、拷問が画面の外で行われる時も、その目撃者を映すことで観客の想像力を利用し、恐怖心を煽る。アルジェントのグラン・ギニョールの美学が、このジャンルに上手く馴染んでいるように思う。

『ジャーロ』では、早い段階で犯人の姿が露になる。「黄色」の意味にもひらめきで辿り着くし、あっさり見つけた犯人はエンツォやリンダとは関連性のない人物だった。物語の肝は〝犯人の正体〟ではなく、〝セリーヌの監禁場所〟にあるのだ。そしてそれは、誰もがラストショットだと思う場面の直後、主人公不在のまま唐突に明らかにされる（プロデューサーが編集し直したもので、アルジェントは納得していない）。

また、エイドリアン・ブロディが、刑事エンツォと殺人犯イエローという、相反する立場の同じ闇を抱える2人を1人で演じているので、〝2人は兄弟〟か〝イエローはエンツォ自身〟ではと期待するが、なにもない。アナグラムの役者名（Byron Deidra）までつかっているのに、だ。

本作で描かれるサスペンスは非常に弱く、ジャーロと呼ぶにはあまりに物足りない。

ジム・アグニューとショーン・ケラーの脚本に基づくが、彼らはアルジェントの作品を意識し脚本を書いたという。フラッシュバック、雷雨とタクシー、拷問描写、イエローが落下する様子などは彼の作品を思い起こさせるし、回想シーンのオルゴールは〝School at Night〟を彷彿とさせ、左右に揺れる大胆なカメラワークからも彼の息遣いを感じることができる。

しかし『ジャーロ』は、そうした往年のアルジェント作品の要素〝だけ〟を集めて並べてみただけの、ジャーロではない物語なのだ。

ジャーロ（2009）
GIALLO
監督：ダリオ・アルジェント
脚本：ジム・アグニュー、ショーン・ケラー
音楽：マルコ・ウェルバ
出演：エイドリアン・ブロディ、エマニュエル・セニエ
エルサ・パタキ

カマキリの神話学——祈りと邪眼

『ダリオ・アルジェントのドラキュラ』

後藤護

アルジェントとゴダールの数少ない共通点の一つに、70とか80の高齢者になってから3D映画を撮ったという点がある。『サスペリア』や『シャドウ』の撮影監督を務めたルチアーノ・トヴォリを久々に起用して3Dに取り組んだ、このアヴァンギャルド老人の旺盛な実験精神を本来褒め称えるべきなのだが、いかんせん『ダリオ・アルジェントのドラキュラ』を嫌う人々にとって最大の酷評ポイントがそのCGになってしまった感は拭えない。確かにCGの圧倒的しょぼさは目を覆うものがある。しかし、CGが使われているシーンは的確で、吸血鬼マニアにとって瞠目すべきものだ。

CGは概ねドラキュラが他の動物に変身する際に用いられている。まずドラキュラが最初の犠牲者を襲う時にフクロウから吸血鬼の姿に変わるのだが、ロッセル・ホープ・ロビンズ『悪魔学大全』を繙くと「吸血鬼は、特にラテン語でstrix［金切り声を出すフクロウ」とも呼ばれる」とあり、ナルホドと膝を打つ。また蠅が大量に寄り集まってドラキュラの姿に転じるシーンなどは、「蠅の王」の異名をもつ悪魔ベルゼブブを的確に意識してのことだろう。しかし何よりも注目すべきはカマキリに変身したドラキュラである。この映画のCGのしょぼさを一身に引き受け、最も笑いのめされたと言って過言ではない巨大カマキリこそ、アルジェントの吸血鬼理解の圧倒的正しさを証明している。

まず、鎌を砥ぐカマキリ

(mantis) の姿が、お祈りをしている僧に似ていることから、「祈る僧侶 (praying mantis)」と呼ばれることを知るべきであろう(同名のヘヴィメタバンドが存在する)。それゆえカマキリは聖なる動物とみなされたが、ロジェ・カイヨワ『神話と人間』の「かまきり」の章によれば、「それは同時に悪魔的とみなされ、prégo-diablé(「悪魔に祈る」の意)と呼ばれた」という。それゆえアルジェント版『ドラキュラ』における神に祈る僧の無力、対照的にカマキリに化けた吸血鬼の悪魔的獰猛さは、カマキリ伝承における「祈り」の転倒ぶりを映し出している。また吸血鬼といえばピカッと光る眼、通称「邪眼《イーヴル・アイ》」で相手を遠隔操作する能力で知られる。カイヨワはカマキリが獲物を目で追って頭部を回転させる能力――「他の動物はただ見ることしかできないのに、カマキリは見つめることができる」――に注目し、この小動物に邪眼が帰せられた理由としている。ゆえに悪魔への祈りと邪眼、おまけにその嗜食性をもってカマキリは吸血鬼の象徴となるのだ。3Dカマキリを嗤ったものこそ、その無知を嗤われるべきであろう。

ダリオ・アルジェントのドラキュラ (2012)
DRACULA 3D
監督：ダリオ・アルジェント
原作：ブラム・ストーカー
脚本：ダリオ・アルジェント、エンリケ・セレッソ、ステファノ・ピアーニ、アントニオ・テントリー
音楽：クラウディオ・シモネッティ
出演：トーマス・クレッチマン、ルトガー・ハウアー、アーシア・アルジェント、マルタ・ガスティーニ

これでもかというポーの「美味しいところ乗せ」
『マスターズ・オブ・ホラー／悪夢の狂宴「黒猫」』

片刃

美味いものと美味いものを掛け合わせるとさらに美味くなるかもしれないが、むしろ味のクセが増すかもしれない。エドガー・アラン・ポーの作品をロメロとアルジェントが監督するという美味いもの同士の掛け合わせは、どちらかというと後者だろう。どちらも原作を大幅に脚色して自分色に染めていて、さらにトム・サヴィーニが腕を振るったことで原作以上に血生臭さ増し増し。ただし、当初は2人とも別のポー作品の映像化を考えていたものの、社会批判性が強かったために今一度ポーの幻想怪奇性に立ち返ろうと構想を練り直し、『ヴァルドマー事件の真相』と『黒猫』の映像化に至ったとのこと。これでもクセを弱めたほうなのだ。

ポーからの影響を強く受けているのは圧倒的にアルジェントのほうだが、それにしても『黒猫』におけるポー作品引用の欲張りっぷりには少々驚く。初っ端から『落とし穴と振り子』殺人の現場検証があり、主人公の写真家の名はロッド・アッシャー、内縁の妻はアナベル、合間に『ベレニス』のような墓暴きの事件も起き（ついでにサヴィーニがノリノリで顔見せ）、バーの店主はエレオノーラ。有名な壁に死体を塗り込め隠蔽するシーンですら、死体にわざわざ『アモンティリャドの樽』のポーズを取らせている。1時間の間にここまで盛るかというほどポーの美味しいところ乗せ丼になっている。おまけに、アッシャーが夢に見る幻想シーンとはいえ、得意の魔女ネタまでトッピングしてくるのだ。ロメロも自身の得意分野たる生ける屍と生きた人間の下世話な欲望を描いているが、アルジェントに比べると脇道の少ないストイックな作りだ。

『黒猫』最大の魅力は、善良だった主人公が次第に狂気に取り憑かれ、殺人に手を染めた挙句、自ら警察の前でその罪を暴いて破滅へとひた走る様である。だがこの映画のアッシャーは、残酷な事件のセンセーショナルな写真で生計を立て、自分の作品のアクセントにするためだけに躊躇なく猫を殺しその様子を写真に収める人でなしだ。そのうえ演じるのがフィジカル的にゴツいハーヴェイ・カイテルなので、狂気に走らなくてもこの人にキレられたらひとたまりもないと思える。そんなタフな暴力中年の凶行に終止符を打つとしたら、確かにポーの怪奇性は薄まるものの、あれぐらいダイナミックにやらないとまた蘇ってきてしまいそうだ。南無妙ー法ー蓮華ー経ー（アナベルの声で）。

マスターズ・オブ・ホラー　黒猫
DUE OCCHI DIABOLICI
TWO EVIL EYES

力みすぎない中にもハードな描写

『マスターズ・オブ・ホラー』

真魚八重子

ミック・ギャリスの企画した「マスターズ・オブ・ホラー」シリーズは、本当に素晴らしかった。ホラー映画のレジェントたちを一堂に会して、改めて自由に映画を撮らせることができるとは。それも1時間程度という短さもあって、力みすぎないで済んだのか、なかなかの粒揃いの作品に仕上がっていた。揃ったメンツも申し分なく、ジョー・ダンテ、ジョン・ランディス、ジョン・カーペンター、ドン・コスカレリ、トビー・フーパー、そしてダリオ・アルジェントらと、まさに伝説級の監督たちであった。

普段、アルジェントの映画はフランコ・フェリーニとの共作脚本が主だが、「マスターズ・オブ・ホラー」のアルジェントは2作とも原作がある。『愛と欲望の毛皮』はF・ポール・ウィルソンの小説。『愛しのジェニファー』に至ってはコミックで、かなり原作のコマにカット割りが忠実だったのが印象的だった。そういった実験的なことができたのも、この企画の良い点だろう。

それと、この作品あたりから新作の『ダークグラス』にも続くのが、女性たちが下品になってくることだ。最初は可憐な美少女たちが被虐的な目に遭い、そのあとは娘のアーシアを主人公にした作品が続いたあと、いきなり女性の煽情的なヌードが大全開な作風になる。『愛と欲望の毛皮』のストリップシーンは、「ポール・ヴァーホーヴェンの映画だ」といったら信じる人がいそうなほど生々しい。ストリップ小屋の楽屋での、レズビアンのクンニなども、意外に今までのアルジェントだとなかったエロスだろう。

本作は残虐シーンもハードである。毛皮商人のジェイク（ミート・ローフ）はストリッパーのシャンナに熱をあげている。狩猟家のジェムソン（ジョン・サクソン）から最高級のアライグマの毛皮を手に入れたと聞いたジェイクは、彼女のために仕立てを急ぐ。しかしこの毛皮に関わった人間がみな、無残な死を遂げていく。

ジョン・サクソンがいまさら、跡形もないほど頭部をバットで滅多打ちにされるとは意外だ。またその息子は狩猟の罠に魅入られるように、みずからの顔を罠に挟む。切断されて残った穏やかな顔面といい、激烈に印象的な残虐場面だ。また、アルジェントの映画で東洋人の奇怪な死が登場するのも珍しいのではないか。

こういった映画でも音楽はクラウディオ・シモネッティなのは嬉しい。約一時間という短さによって、すべては殺されたアライグマ一族の呪いということにし、エロと残虐に振り切った内容が強いインパクトを残す。

マスターズ・オブ・ホラー（2005-2006）
MASTERS OF HORROR

愛しのジェニファー　JENNIFER
監督：ダリオ・アルジェント
原作：ブルース・ジョーンズ
脚本：スティーヴン・ウェバー
音楽：クラウディオ・シモネッティ
出演：スティーヴン・ウェバー、キャリー・アン・フレミング

愛と欲望の毛皮　PELTS
監督：ダリオ・アルジェント
原作：F・ポール・ウィルソン
脚本：マット・ヴァン
音楽：クラウディオ・シモネッティ
出演：ミート・ローフ、ジョン・サクソン

プロデューサーとしてのアルジェント

伊東美和

ダリオ・アルジェントは、脚本家・監督であると同時にプロデューサーでもある。父サルヴァトーレ、弟クラウディオともにプロデューサーであり、彼がプロデュースに関心を持つのは自然なことだったろう。

アルジェントは、現在までに19本の作品をプロデュースしている。うちTVドラマが3本、共同監督作を含む自身の監督作が8本、他の監督の作品が8本。アルジェントの監督作については他のページに任せ、ここでは他監督の作品に絞って紹介したい。

ノンクレジットではあるが、アルジェントが最初にプロデュースした映画は、ジョージ・A・ロメロ監督によるゾンビ映画の金字塔『ゾンビ』（78）だ。ロメロの『ナイト・オブ・ザ・リビングデッド』（68）を高く評価していたアルジェントは、その続編『ゾンビ』の未完成脚本を読み、出資を決断。渡米してロメロと打ち合わせを重ねた。……と、一般的には言われている。

だが、アルジェントの弟でプロデューサーのクラウディオによれば、『ゾンビ』の製作を持ちかけたのは、アルジェントの方からだったという。筆者がロメロ本人から聞いた話は、また少し違う。ロメロ曰く、面識のないアルジェントから「なにか新作のアイデアはないか？」と唐突に電話があり、ショッピングモールを見学して『ゾンビ』のアイデアを閃いたと話すと、「すぐローマに来い、早く脚本を書け」と言われた、という。

ともあれ、アルジェントはロメロを脚本執筆のためローマに招き、しばしば夕食をともにしながらその進行状況を見守った。アルジェントは本編に「スクリプト・コンサルタント」としてクレジットされたが、ロメロを信頼して助言は最小限に留めたそうだ。

アルジェントは『ゾンビ』の北米以外における編集権と配給権を獲得した。ロメロが編集した素材をフランコ・フラティチェリに依頼してアクション映画的にまとめ、ロメロが採用したライブラリー音源に代えてゴブリンのスコアを大々的にフィーチャー。個人的には米公開版を推したいが、『ゾンビ』の魅力をより深く理解していたのは、ロメロよりアルジェントだったような気もする。

アルジェントによれば、彼のプロデュース作には、自身が「臆病で撮れなかったもの」と「準備不足で撮れなかったもの」が含まれるという。『ゾンビ』は前者だろう。アルジェントはその後もゾンビ映画をプロデュースしており、このサブジャンルに惹かれていたことは間違いない。だが、ジャッロを中心とした自身のスタイルから踏み出して、ゾンビ映画を監督することは一度もなかった。

アルジェントが再びプロデュースに乗り出すのは、『フェノミナ』（85）の成功から間もなく。新たな企画を探していた彼は、ランベルト・バーヴァに連絡し、後に『デモンズ』（85）となる脚本を紹介される。バーヴァとダルダーノ・サケッティによるその脚本は、オムニバス向けの一編を長編用に直したもので、映画館に閉じ込められた若者たちが、モンスター化した映画の衣装や小道具に襲われる話だった。

当時、アルジェントはロメロのゾンビ映画3作目『死霊のえじき』（85）に出資の予定だったが、ドル高騰により断念せざるをえなかった。その代わりを探していたのだろう。アルジェントはサケッティに加えてフランコ・フェリーニを雇い、小道具モンスターの脚本をゾンビものに変えさせた。

舞台となるのは、謎めいた映画館だ。銀仮面の男に試写状を貰った人々が、そこに集まる。場内では悪魔の復活を描いたホラー映画の上映が始まり、その内容と呼応するかのように場内で異変が発生。1人の女性客がデモンズに変身したのをきっかけに、観客が次々とデモンズと化す。

要は閉鎖空間を舞台にした一種のゾンビ・サバイバルだが、上映される映画と現実がシンクロするアイデアとともに、人々がデモンズ化する際の肉体変容が見どころだろう。感染者（？）が血膿を流し、その歯が牙に生え変わり、ナイフのように鋭い爪を生やす過程が、プラクティカルな特殊メイクを駆使して描かれる。

続編『デモンズ2』（86）は、前作公開からわずか7ヶ月後にクランクインした。監督は引き続きランベルト・バーヴァ。脚本家の顔ぶれも同じ。前作にはアルジェントの長女フィオーレが出演したが、本作では異母妹のアーシアが女優デビューを果たした。

前作では映画館のスクリーンからデモンズが現れたのに対し、ここでは高層マンション内にあるテレビ画面からデモンズが出現する。室内はもちろんエレベーター、ダクト、地下駐車場、屋上と舞台に変化を凝らし、デモンズの血が床を溶かして階下の住民に感染するなど、新たなアイデアも取り入れているが、さすがに二番煎じの感は拭えない。

バーヴァによれば、アルジェントは定期的に撮影現場を訪れたが、バーヴァのスタイルを尊重し、撮影に干渉することはなかったという。一方、映画初出演のアーシアは、バーヴァが俳優に的確な指示を与えられないのを見て、彼に父アルジェントほどの才能がないことを知ったと語っている。

シリーズ3作目『デモンズ3』（89）は、前2作と同じ脚本家・監督の布陣で進められた。ところが、バーヴァがテレビ局との契約を優先して降板、新たにミケーレ・ソアヴィが監督に起用された。さらに配給会社も変わったことから、同作はシリーズとは別物として製作されることになった。

初期段階の脚本は、飛行機内を舞台にしたデモンズ版『エイリアン』（79）を目指して書かれたが、その設定から話を広げられずに脚本家のサケッティが降板。アルジェントは、ソアヴィ、フェリーニと脚本を練り直し、地獄へと続く教会を舞台にした内容に変更した。それに合わせてタイトルも『La Chiesa（教会）』とした。

中世の北イタリア。チュートン騎士団により異教徒が惨殺され、死体の上に教会が建立された。それから850年後の現代、教会に司書として赴任したエバンは、好奇心から建物に隠された秘密を探り、地下に封印されていた異教徒の怨念を解き放ってしまう。

教会という限定された空間に閉じ込められた人々が、悪魔に憑依された者に襲われるという設定は、『デモンズ』シリーズと共通している。だが、本作の軸は、主人公が教会の秘密に迫る過程と、教会に施された魔術的な仕掛けが発動する件である。アルジェントは『インフェルノ』(80)で魔術的な仕掛けが施された建物を描いたが、本作はそれをさらに大掛かりにした作品といえよう。

アルジェントとソアヴィが再び組んだ『デモンズ4』(91)も、『デモンズ』シリーズとは無関係の作品である。もともとはジャンニ・ロモリ脚本、ルカ・ベルドネ監督の予定だったが、ベルドネが降板。一時はアルジェントが自分で撮ろうとしたが、『The Well』が流れて手の空いたソアヴィが脚本・監督に起用された。

脚本はロモリが書き上げたストーリーを土台に、ソアヴィが自身の脚本『The Well』からケルト神話やシンボルを取り入れ、アルジェントがストーンズの「悪魔を憐む歌」やチャールズ・マンソン事件にインスパイアされたエピソードを追加した。

映画は70年代の南カリフォルニアで起きたヒッピー惨殺事件にはじまり、91年ドイツ・フランクフルトの女性殺害に飛び、そしてハンブルグに移る。主人公の女教師は、車で接触した老人を自宅に連れ帰る。それを切っ掛けに、女教師の周囲では奇妙な事件が相次いで起きるようになる。

本作は『ローズマリーの赤ちゃん』(68)と『デモンズ3』を足したようなカルト教団ものだが、アルジェントとソアヴィの目指す方向にずれがあり、ちぐはぐな印象を与える。アルジェントはマンソン事件をイメージしていたのに対し、ソアヴィは井戸、昆虫、うさぎ、月、鏡、聖骸布など、シンボリックなアイテムを多用し、ホラー版『不思議の国のアリス』のような作品を狙っていた。アイデア豊富な割にストーリー性が弱く、なかなか本筋が見えてこないのも弱点だろう。

アルジェントは、94年にローマ・ファンタ・フェスティバルに参加した際、すっかり老け込んだ車椅子姿のルチオ・フルチを見かけた。フルチとは長らく不仲だったが、アルジェントは彼の健康状態が良くないと聞いて話し合いの場を設け、互いの間にあったわだかまりを解消。ともに映画を作る約束を交わした。

最初に候補に挙がったのは、『ミイラ再生』（32）の現代版リメイクだった。だが、ジョージ・A・ロメロが同じ企画に携わっていたことから、『肉の蝋人形』（53）をリメイクすることになった。権利トラブルを避けるため、表向きの原作はガストン・ルルーの短編小説とした。脚本はフルチとダニエレ・ストッパである。

ところが、プリプロダクションが長引くうち、97年3月13日にフルチが死去。アルジェントは、『ゾンビ4』（88）のクラウディオ・フラガッソに代役を頼むが断られ、『デモンズ』『フェノミナ』の特殊効果を担当したセルジオ・スティバレッティを監督に抜擢した。スティバレッティは完成していた脚本に手を入れ、自分が得意とする特殊効果の見せ場を大幅に増やした。

1900年パリ。イタリア人夫婦が黄金の義手を持つ男に惨殺された。まだ幼い娘はベッドの下に隠れて難を逃れた。12年後のローマ。美しい女性に成長した娘は、歴代の猟奇事件を再現した蝋人形館の衣装係として働き始める。同じ頃、街では謎の変死事件が相次いでいた……。

スティバレッティの初監督作『肉の蝋人形』（97）は、ハマー・フィルムのようなゴシック・ホラーと、特殊効果をふんだんに盛り込んだスチームパンク要素の融合だ。最初からネタが割れているし、人物描写も薄っぺらいが、『ターミネーター』（84）を意識したクライマックスを含め、イタロ・ホラー映画らしいサービス精神が感じられる。

前述したように、アルジェントのプロデュース作には、「臆病で撮れなかったもの」と「準備不足で撮れなかったもの」が含まれる。『ゾンビ』『デモンズ』は前者、『デモンズ4』は後者だろう。アーシア・アルジェント初監督・脚本・主演作『スカーレット・ディーバ』（00）の場合、それらとは違う。父による娘のサポートだ。

人気女優のセックス＆ドラッグな日常と空疎な心象を描いた本作は、多くの点でアーシアの実体験をもとにしている。例えば主人公をレイプしようとするプロデューサーのエピソードは、ハーヴェイ・ワインスタインによる自身への性的暴行がモチーフだし、アーシアの友人ベラ・ジェンマが友人役、母親のダリア・ニコロディが母親役を演じている。主人公が、彼氏に全裸で縛られて放置された友人を発見するシーンも、アーシアとベラの間で実際に起きたことだとか。

本作に並々ならぬ熱意で挑んだアーシアは、全裸を厭わないどころか、セックス・シーンで実際に挿入したと公言している。父がプロデュース、母が出演していようと、アーティストとしての信念を貫くアーシアにはリスペクトしかない。

ギャスパー・ノエ監督『Vortex』(21)に俳優として出演したアルジェントは、ロカルノ映画祭でジョン・ランディスから生涯功労賞を授与された。彼はその際にプレミア上映されていたシャーロット・コルバートの初監督作『She Will』(21)を観て感銘を受け、自らプロデュースを買って出た。

#MeToo運動に繋がるテーマを扱った本作は、魔術的フェミニズム映画とも評される。乳房切除手術を受けた往年の名女優が、看護師とともにスコットランドの田舎にある療養施設に滞在する。そこは何世紀も前に女性たちが魔女として焼かれた場所だった。やがて女優は自然と一体化するような夢を見るようになり、かつて自分に性的虐待を加えた巨匠監督に復讐する魔力を得る。

アルジェントは本作について「魔術、狂気、夢の世界への旅であり、それらが一緒になって、うっとりさせる雰囲気と美しく優雅な映画を作り出している」と絶賛。映画の冒頭に、『サスペリア』のオープニング・クレジットとそっくりの書体で「DARIO ARGENTO PRESENT」と入れた。現代的な魔女映画として、まさにお墨付きを与えたのだ。

アルジェントのプロデュース作は、今のところ『She Will』が最後である。年齢的にも積極的に新作をプロデュースすることはないだろうが、アルジェント自身は「新たな声」を、特に「女性の声」を強く応援していきたいと語っている。

Documentary
『ダリオ・アルジェント　鮮血の魔術師』

森本在臣

　このシーン、一体どうやって撮っているんだろう?と、アルジェントの映画を観ていて思ったことはないだろうか。例えば『シャドー』のロング・ショットや、『オペラ座　血の喝采』のカラスの視点のようなカメラワークを観ると、撮影の裏側を知りたくなるのが人情というものだ。

　そこで、「そうだ、アルジェントのドキュメンタリーを観れば、数々の疑問がたちどころに解決するじゃないか!」と思い立ち、安易にこの作品を手に取ってしまうと、大変な肩透かしを食らうことになる。

　本作『鮮血の魔術師』は、確かにダリオ・アルジェントの実像に迫るドキュメンタリーなのだが、米国のテレビ制作ゆえに、主眼となっているのはダリオ・アルジェントという人物像を、本人の証言と周囲の人々のインタビューを織り交ぜて浮き彫りにすることだ。そのため、撮影技法の紹介や演出の舞台裏公開のようなテイストはほとんど無い。もしもそういった部分が知りたいのならば、迷わず三作出ている『鮮血のイリュージョン』シリーズを選択することをお勧めする。そちらはアルジェントにより近い所にいるミケーレ・ソアヴィやルイジ・コッツィが手がけているので、ディープなファンでも安心してアルジェントの技術的なセンスの源泉に触れることができるのだ。

　では、この『鮮血の魔術師』の妙味はどこにあるのかといえば、人間ダリオ・アルジェントを伺い知ることができる点だと思う。アルジェントがどういう人となりの監督なのか、それだけを簡単に知りたい、という向きにはちょうど良い資料としてまとまっているからだ。

ダリオ・アルジェントの生い立ちから、映画監督としてデビューし、最初の『歓びの毒牙』からいきなり成功をおさめるストーリーが紹介され、初心者にも非常に入りやすい切り口なのが好印象である。

人物としてのアルジェントを紹介する方向性なので、家族のフィオーレやアーシア、そしてダリア・ニコロディの発言などが取り上げられ、アルジェントの夫や父としての姿も語られる。映画からは分からない、天才監督の一面を伺い知る事ができるというわけだ。ただ、赤裸々な暴露などは皆無で、ニコロディとはいつも反発し合っていたが、その力を創作へ転化させていたというアーシアの発言が聞けるくらいである。

続いて、彼の作品に出演したマイケル・ブランドンやジェシカ・ハーパーといった役者陣や、ジョージ・A・ロメロ、ジョン・カーペンターら親交のある映画監督、弟クラウディオ等から、撮影現場でのアルジェントや、映画監督としてのアルジェントという存在について語られる。監督仲間はダリオのセンスを褒め称えており、ロメロは「ゴーギャンやゴッホのような画家のようだ」と言い、カーペンターは「ダリオはイタリアのヒッチコックと呼ばれることもあるが、むしろルイス・ブニュエルに近い」との評を送っている。同業者から見てダリオ・アルジェントがどのような監督に映っているのか、ということがストレートに分かる。皆アルジェントの才能を認めているのだ。

そして、トム・サヴィーニらの証言により『トラウマ』の首のシーンのことなど、少しだけ撮影の裏側的な話も出るが、これもあくまでも「ダリオ・アルジェントという監督像」を浮き上がらせるための一側面に過ぎず、どのようにしてアルジェント映画が作られているか、という掘り下げは行われない。

アルジェント本人のコメントと、当時（2000年）の撮影風景等から、『スリープレス』の頃のアルジェントがどういう姿勢で取り組んでいたかは描かれているので、2000年時点でのアルジェントを知りたい、という場合にも本作は適している。興味があれば、ぜひ『スリープレス』の特典映像と合わせて観てほしいところだ。

本作は全体的にTVドキュメントの作りなので、要点や流れはまとまっているものの、あくまで「作品を2、3本観て、アルジェントに興味を持った」という段階の入門者向け作品の域は出ていない印象。ただ、より深く踏み込んでいる『鮮血のイリュージョン』の3作がVHSとLDのみで、DVDで入手可能なのは本作だけという状況のため、必然的に2000年以降にアルジェントに興味を持ったファンが最初に手にするドキュメント作品はこの『鮮血の魔術師』になる可能性が高いのだ。そう考えると、初心者向け入門作として本作は悪くはない作品だと思う。

考えてみれば、アルジェントのような濃い監督のドキュメントをここまでライトに仕上げるというのも凄いことなのかもしれない。「マニア御用達、一見さんお断り」のような雰囲気でとことん追求していくようなものも良いけれど、本作のように間口を広げて、初心者でも気軽に飛び込めるようなドキュメントを用意しておくことで、より多くの映画好きにアルジェント作品が浸透していくならば、方法としては成功なのではないだろうか。

ダリオ・アルジェント　鮮血の魔術師（2000）
DARIO ARGENTO: AN EYE FOR HORROR
監督：レオン・フリーグソン
脚本：チャールズ・プリース
出演：ダリオ・アルジェント、ダリア・ニコロディ
マイケル・ブランドン、ジョージ・A・ロメロ
クラウディオ・アルジェント、フィオーレ・アルジェント
アーシア・アルジェント、トム・サヴィーニ
ジェシカ・ハーパー、クラウディオ・シモネッティ
キース・エマーソン、ウィリアム・ラスティグ
ジョン・カーペンター、アリス・クーパー

Interview

「人生で一番初めに、本当に惹きつけられたもの」

吉本ばなな

取材／構成：編集部
写真：Fumiya Sawa

――まずはアルジェントとの出会いからお聞きしたいと思います。最初にご覧になったのはやはり『サスペリア』ですか。
吉本　そうですね。『サスペリア』を中学校1年生の時に――いや違う、小学校6年生の時に『ゾンビ』を観たんじゃなかったかな。
――あ、『ゾンビ』が先でしたか。
吉本　はい。まず音楽から入ったんですね。
――ゴブリンですね。
吉本　この音楽すごい！と思って、そこから監督に興味を持った感じです。
――『ゾンビ』以前からホラー映画自体はお好きだったんですか。
吉本　そうですね。でも、それほどではなかったです。やっぱり『ゾンビ』のインパクトが大きかったですね。
――『ゾンビ』の監督はジョージ・A・ロメロですが、アルジェントの作品と捉えていた感じですか。
吉本　ロメロだとは思ってましたけど、色彩感覚とか、この部分はどこから来てるんだろうと思っていて、それが『サスペリア』を観たら理解できた。『ゾンビ』以外のロメロの映画ももちろん観ましたし、好きか嫌いかでいったらすごく好きなんですけど、あの映画にしかなかったものがやっぱりあって、そのニュアンスを追い求めていた感じです。
――『ゾンビ』にあって他のロメロ映画にないものというのは、アルジェント監督作品を見ると、「ここにあったか」みたいな感じでしたか。
吉本　そうですね、はい。
――それは具体的にはどんなところでしょうか。
吉本　具体的にと言われると、私もそんなに細かく調べてないのでわからないですけど……まずは音楽のセンス。それはもう確実ですよね。音楽と映像の組み合わせのセンスというか。それからやっぱり色彩感覚だと思います。そこはおそらく『ゾンビ』にも取り入れられてるんじゃないかと思います。
――他のホラー映画とは決定的に違うものを感じましたか。
吉本　ホラーなら何でもいいってわけじゃないな、と思いました。
――なるほど。
吉本　子どもだったこともあって、人生で見た映画の中で一番ショックを受けました。ちょうど日本も高度成長期っていうんですか、そういう時代だったので、このまま行くとどうなっていくのかなという多少の疑問が子ども心にもあって。みんなこんなに働いちゃって、病気になったり、社会的に行き詰まったりするんじゃないのという不安。それから、色んな宗教が出てきた時でもあったので。ベトナム戦争が終わって、人々が色々な方向に揺れてる時で、その雰囲気に対するちょっとした恐怖とか不安とか。大きなショッピングセンターとかショッピングモールができたり、それからテレビ局の人の無茶ぶりと言うか横暴な感じとか、ちょうどそういうのが日本でも問題になってたので、そういう意味でもすごく刺さったんですね。

――小学生で『ゾンビ』を見て、そういった社会的な部分まで感じ取っているっていうのはなかなか鋭かったのではないですか。

吉本 そのころはベトナム戦争に行って心身ともに傷ついて帰ってきた人たちの話が、映画でも何でも世の中で溢れていて。『カッコーの巣の上で』とかね。

――ああ、『ディア・ハンター』とか。

吉本 でも私にとっては、どうしてかわからないですけど、そのような映画よりもなぜか『ゾンビ』を見て、「社会の状況はこういうことなんだ」と、妙に理解したんです。それはすごく覚えてます。

――周りの人にそういうお話をして共感されましたか。

吉本 いや、全然されなかったです。

――今でこそ、『ゾンビ』をそういうふうに見るのは、むしろオーソドックスというか、確立された見方だと思うんですけど、リアルタイムでそういう部分まで感じ取られていたというのは、なかなかなかったのでは。

吉本 子どもだから今みたいな感じで思ってはいなかったですけど、納得いかなかったことが映画を見て妙に腑に落ちた。あと、日本は若干遅れるじゃないですか、アメリカの文化より。

――ああ、そうですね。

吉本 だから日本にもその後ショッピングセンターとかモールができてきて、デパートとかもああいう仕様になってきて、それでますます腑に落ちていったというのもあります。

――あの映画が描いていたのはこれだったのか、みたいな。

吉本 うん。子供だったから、まずプエルトリコの人が差別されるような状態にあることを知らなかった。初めてこの国の名前をちゃんと知ったのも『ゾンビ』でしたから。いいことかどうかわからないですけど（笑）。そういうのがリアルに伝わってきますよね。ヘリを操縦できるとエリートなんだなとか。あとは黒人差別とか。

――そういう社会的な要素はアルジェントの作品ではそんなに目立たないと思いますが。

吉本 だからこそ、『ゾンビ』ではそれがうまくミックスされて良かったんじゃないかな。話が飛んじゃいますけど、『サスペリア』もたぶん監督だけではあのセンスにならなかったと思うんですね。当時の奥さん、ダリア・ニコロディのセンスが多分に入ってるような気はします。

――なるほど。彼女はお祖母さんが魔女だったするんですよね。

吉本　お会いしたことがあるんですが、その時にもおっしゃってましたね。あの映画の魔女に関する部分は、みんな私が提供したのよ、みたいな。すごいそれをアピールされてました。本当にあいう学校はあるんだからね！とおっしゃってたのを覚えてます（笑）。

――アルジェントにも会われてるんですよね。普段はどういう方なんですか。

吉本　一緒に食事をしたんですが、とても優しくて賢い魅力的な人物。その時、たまたまアーシアちゃんとフィオーレちゃんがいて、豪華でしたね。

――お二人はまだ子供の頃とか？

吉本　いや、もう大人でした、20代を過ぎて。

――ちょっとアルジェントと娘さんたちとの親子関係も特殊な感じはあるんですけど、普段は仲良くされてるんですか。

吉本　虐待とか色んな問題があったと思うんですけれども、アーシアちゃんもそういうのを本に書いたり、映画に撮ったりしてますよね。基本的にはとても仲のいいというか、わかり合ってる感じがしました。普通に仲のいいイタリアの家族っていう感じでしたね。

――今回作品をいろいろ見直していただいたということなのですが、新たに発見されたことはありましたか。

吉本　やっぱり監督自身の年齢の変化。あんまりそういう目で見たことがなかったので、随分丸くなられたなと、特に新作『ダークグラス』を見て思いましたね。

――丸くなったというのは過激な描写が少ないとか？

吉本　というより、人々が「ありがとう」とか「大丈夫か」とか優しい言葉を交わすようになった（笑）。これは本当に最近なんじゃないかしら。相当な時でもお互い黙ってるような感じのことが多かったから。

――人間関係に温かみが出てきたというか。

吉本　おじいちゃんになられたんだなって思いました（笑）。もう一つ思ったのは、お嬢さんたちが若くてピチピチしてる時は、やっぱりお嬢さんがレイプされるのが一番怖かったんだなと思うんですね。そういうのばっかりですもんね

――ああ、たしかに。

吉本　アーシアさんは、お父さんはわたしに対して変な気持ちを

持ってるんじゃないか、私ばかり何回もレイプされる役ばかりみたいなことをインタヴューで言っていたこともあって——冗談でおっしゃってるんだとは思いますけど——そうじゃなくて怖かったんだと思いました、当時はわからなかったけど。お孫さんができてからは小さい子が攫われて殺される場面が、めちゃくちゃ増えたんですよ。それは何か変態的なことなんじゃないかと一般的には思うかもしれないけど、多分そうじゃなくて恐怖なんですね。彼にとって。

——なるほど、恐怖の対象が娘さんたちからお孫さんに移行して。

吉本　お孫さんに何かあったら嫌だなというのにうっすら変わってきたんだなと。

——恐れていることを描いてしまうと。

吉本　そう、どうしても描かずにいられなくて、見ずにいられない。スティーヴン・キングもそういうふうに言ってました。娘が出かけた後に想像力が働き過ぎて、ああなったらどうしよう、こうなったらどうしようと考えていることが自分の小説を作ってると。そういうことだったのかもしれないなって。

——その視点はなかったです。

吉本　はい、まとめて観ないとちょっとわからないことですね。

——怖い作品を作ろうとすると、自分にとって一番怖いことを描いてしまうみたいなことなんですかね。

吉本　そうだと思います。それと『トラウマ』とか『スタンダール・シンドローム』は、本人は自覚してないかもしれないけど、お嬢さんに対してひどかったなという反省の心というか、反省とまで言うとちょっと言い過ぎかもしれないけど、自分が良くしてやれなかったことに対する懺悔みたいな、そういうテーマなのかと思いました。監督自身のことをそこまで考えたことがなかったから、すごく理解できましたね。あのいい人感と殺人感というか（笑）。お会いした時も首に腸を巻くシーンはこうやるんだよとか演技指導をしてもらったことがあります（笑）。

——（笑）。単純に見直してみたら面白かったみたいなものはありましたか。

吉本　『オペラ座　血の喝采』、あれは当時は「何だこれ?」と思ったんですけど、今見てみると『オペラ座の怪人』へのちょっとしたオマージュでもであり、なおかつあのオペラ座の中にある美というか、そういうのを撮りたかったんだなって。

——あれは今回執筆していただいたライターさんたちの中でも人気のある一本です。

吉本　でも当時私はあんまりわからなかったんですよ。あと、新作『ダークグラス』は最初はサラっと見ちゃったんですよね。

『ジャーロ』なんかと同じ感じの、一幕もののサスペンスみたいにサラっと見ちゃったんですけど、もう一回よくよく見てみると、細かいところがいい映画だなと思えてきて。すごい失礼な言い方だけど（笑）。

——（笑）

吉本　2回3回と見たら最初に思った以上に細かいところがちゃんと作り込まれてて。これはもしかして相当いい映画なのかもしれないと思えたのが発見というか良かった点です。

——ネタバレにならないような範囲で具体的に教えていただけますか。

吉本　ネタバレなしは難しいんですけど——はじめ見ると、「え？ここ、こんなあっさりしてて大丈夫？」っていうシーンが幾つもあるんですね。

——はい（笑）。

吉本　言っていいのかわからないけど犯人もすごく分かりやすいし。それを楽しんで観るものかなとはじめは思ったんですけど。でもよくよく考えてみると、いいお客さんと悪いお客さんみたいなニュアンスとか、それから主人公の人がまあ特殊な職業に就いているわけだけれども、思ったよりずっと人格者で。

——確かにイメージからするとそうですよね。

吉本　そうなんですよ。エキセントリックな娼婦という風に見始めて、そのまま見終わっちゃったんですね。1回目は。でもよくよく見てみると、すごい人格者。

——うんうん。

吉本　だから何かとてもいい話に思えてきて——はじめは思えなかった訳じゃないんだけど。男の子との交流も「え？　こんなにあっさり？」と思ったんですよ、はじめは。

——そうですね。

吉本　でも何回も見たら、すごく色んなとこでちゃんと交流をしてて。交流してるからこそのあっさりした感情の表現なんだなと、思った以上に普通にいい映画だったような気がしてきました。だから私が遅れてたんだなと思いました。

——年齢を重ねてできるようになった表現なのかもしれないですね。

吉本　でも、それも最小限なんで、何回も見なかったらわからなかったです。

——細かいところに気を付けて見てほしい。さらっとしてるようで、実はかなり細やかに演出されていると。

吉本　うん、見所ですね！　『ドラキュラ』でもちょっと感じたんですけどね、それは。細かく人間の心を描いてるなあ、みたいな感じが。

――正直、あんまりアルジェントをそういう目で見たことはなかったです。色々見直してみたくなりますね。『パイナップリン』収録の初期のエッセイで、ご自身の作品はすべてアルジェントの影響を受けていると書かれていましたが、それはその後書かれた作品にも共通していると思われますか。

吉本 やっぱり人生で一番初めに、本当に惹きつけられたものだったので、どうやっても抜けるものではないですよね。

――具体的には説明しにくいですか。

吉本 いや、具体的に言うと、全部が夢というか。例えば走ろうとしてもなかなか速く走れないとか、さっきは昼だったのにすぐ夜になっちゃうとか、急に照明がまるっきり変わっちゃうとか、夢の中ではよくあるじゃないですか。基本的には現実の筋を辿ってるけど、夢とか無意識の世界だと思うんですよね。例えば『サスペリア』でバレエ学園の廊下を歩いていると、下働きのおばさんの持ってる何かが「ジャン!」って光るでしょ。

――はい。

吉本 それから『サスペリア・テルザ』で、男の人が受話器に向かって口ががばっと開いて、叫ぶと機械がバーンって壊れるシーンがあるんですけど、ああいうのは夢の中ですよね。夢の中では起こり得るけど、現実ではないようなこと。夢だとすごく長く感じるけど、現実では一瞬だとか、そういう時間の伸び縮みも、基本的には頭の中の夢を描いてるんだと思うんですね。そういう意味では私も現実の小説を書いてるようで、一応設定も現実だけれども、無意識の中で起こってることを描いているんですよ。そこはとても共通項がある。

現実的な映画や小説を期待して見た人には、現実ってこんなものではないでしょうって――現実の世界では粗に見えることなんだけど、無意識や夢の領域なら当たり前のことじゃないですか。急に時間が伸び縮んだり、さっきまで着てた服を着てないとか、色が変わっちゃってるとか。現実だと「何だ、このシーン?」と思うかもしれないけど、夢の中だったらあるんですよ。全部夢と照らし合わせて考えれば基本的によく分かることで、それは私の小説も全く同じだと思っているので。

――なるほど、はい。

吉本 現実的じゃないとか、地に足が着いてないとか、いろいろなことを言われるんだけど、それは現実じゃなくて寓話とか夢とか無意識の世界を描いているからなんですよ。だからある1日のことを30ページぐらいかけて書いているのに、1週間のことは2行で終わっちゃったり、バランスが悪いよって言われるんだけど、夢だと思ったらその方が正しいんですよね。その感じは影響を受けてるなと思います。

――なるほど、確かに小説の中に夢自体もたくさん出てきますけど、それだけじゃなくて、その小説の中では現実ということになっているところも、実は無意識の世界を描いているような部分があるというわけですね。それは確かに腑に落ちる話ですね。そもそもリアリズムではないと。

吉本　そうですね。マジック・リアリズムとかもそうじゃないですか。なんで急に空飛ぶの?みたいな（笑）。ガルシア＝マルケスとか読んでると。ああいうのと同じ感じだと思いますね。畏れ多いけど、でもちょっとそう思います。

――一応ミステリーということになってる映画でも、これはミステリーと言っていいのか?という、瞬間移動してるとしか思えないような移動があったりしますよね。

吉本　そうですね。そういうことだと思います。

――それでいうと、アルジェント映画でいうとニコロディが演じるような謎めいた女性。ああいう人も小説にも出てきますね。

吉本　夢に出てくる人みたいなね。

――あとやっぱりエッセイの中で、いずれ『ゾンビ』のような小説を書きたいと書かれてましたけど、これは実現されましたか。

吉本　いや、してないです。まだまだ目指してます。

――いまでもライフワークというか、目標として。

吉本　そうですね。いつか、全然ゾンビが出てこなくても、同じようなものを書ければと。

――それは現代社会を寓話的に描いたようなものという意味ですか
吉本　そういうのは常にやってるので、もうちょっと露骨にホラーという形を取ってみたいなと思うんだけど。

――確かに露骨にホラーという作品はあんまりないですね。ちょっと不思議なことが出てくるくらいで。

吉本　はい、なので徐々に歩み寄ってみますね。

――それはぜひ読んでみたいと思います。

吉本　はい（笑）。ぜひ書いてみたいですね。

――新作をきっかけにアルジェントを見てみようかなと思ったような若い読者に、まずはこの3本見るといいよというのを挙げてみてもらえますか。

吉本　私もちょっと偏ってるからな（笑）。でもやっぱり『サスペリア』と『フェノミナ』は見た方がいいんじゃないですかね。それらはどんな人が見てもいいと思うと思う。

――確かに。

吉本　あと個人的には、今はなかなか見れないけど、『トラウマ』はすごい好きなので。

――『トラウマ』の好きなポイントは。

吉本　あれは父親の懺悔ですよね。お嬢さんに対する。わかりにくいけどいい映画だったなと思うので。母は強く、父が弱くて、拒食症みたいになっちゃって。娘さんに対する愛情、懺悔を持っててていいなって。あと映画として、一般的に見ても優れてるのはどう考えても、『フェノミナ』と『サスペリア』。それは監督の特色に他の人のいいところも加わって、とてもわかりやすく撮れている。良い映画だと思います。

――ケミストリーが生まれてるというか。

吉本　それと私の父が言ってたことで、「たしかに！」と思ったことなんですけど、汚れたまんまじゃないですよね。よく主人公がドロドロのとこに落ちるじゃないですか。何回も出てくる。今回も水に入ってましたもんね。

――ああ、ありましたね。

吉本　それで、汚辱にまみれた主人公は必ず一回きれいな水に入る、そこが心理学的にすごいと、父が言ってたのをよく覚えてます。『フェノミナ』は一番それが分かりやすく出てるので。

――ああ、そうですよね。

吉本　あれ、洗い流せる必要ないじゃないですか。一回すごいところに落ちて出てきて、偶然きれいな水で洗うんだけど、あんな偶然、絶対ないから。

――なるほど。

吉本　そういうところは面白いと思います。『サスペリア』のリメイク版も良かったけど、本家本元を超えてないですもんね。超えようとしたのはすっごい伝わってきたんですけどね。

――確かにそうですね。

吉本　どう考えても超えてない。唐突に天井から虫が落ちてくるとか、なんか赤いけどワインなのかワインじゃないのかみたいな、あのいやーな気持ちとか（笑）、超えてないですね。

――アルジェントもあのリメイクについては不満があったようですね。

吉本　ぼやかしちゃいましたよね。イメージというかメロウというか、そういうのでごまかしちゃいましたね。

――ある意味わかりやすくしちゃったというか。

吉本　そうですね。でもやっぱり本家の気味の悪い、無意識が炸裂したような世界は超えてないですよね。

対談
アルジェントはお好き？

山崎圭司・ヒロシニコフ

「サスペリア」とは何か

山崎圭司（**以下、山崎**） 僕のアルジェント初体験はテレビで観た『サスペリア』なんですが、ヒロシニコフさんは既に公開順とか時系列に関係なく、ビデオやＤＶＤで手軽にご覧になれたのでは？

ヒロシニコフ（**以下、ヒロ**） 僕の世代……というと変ですけど、２０００年代後半にはアルジェントの代表作のＤＶＤが軒並み廃盤になってたんです。だから、リアルタイムでアルジェントの映画に触れたのは『サスペリア・テルザ』が最初でした。劇場で公開されていたので。

山崎 うへぇ（笑）。劇場の新作がそれですか！

ヒロ ホラー界におけるレジェンド監督という立ち位置で、名前はもちろん知っているし、情報はあったけれども観る手段がない。そんな監督でした。
山崎　それは僕も同じでした。劇場公開を逃したらテレビ放映を待つしかなくて。でも、初期の「動物ジャッロ」は場末の劇場で、2本立てで2週間程度で上映終了。『4匹の蝿』が73年公開で、次の『サスペリアPART2』は未公開のまま。『サスペリア』が77年に公開されるまで4年くらい空くんです。だから、当時はダリオ・アルジェントなんてほぼ無名。それが、東宝東和が「恐怖のオートクチュール!」なんてハッタリをかまして、『サスペリア』を大々的に公開した。僕は当時7歳、劇場では観ていないんですけど、公開時の宣伝隊長だったおすぎさんに取材したら「試写で観てとにかく驚いた」って。映像も音楽も新感覚で。しかも、題名は得体のしれない「サスペリア」って謎の造語。翌78年に旧作の『サスペリアPART2』が封切られるんですが、ヒロシニコフさんの世代になると、話は無関係なのに捏造で『パート2』扱いになったとか、そういう前情報つきで入ってますよね。
ヒロ　はい。本などで読んで、観る前からつながりのない映画だとは知っていました。
山崎　僕の感じだと、感覚的にはつながってるんですよね。ドアが開いて人形がキュキュキュと入ってくる、窓ガラスを破ってバーンと手が突き出る。不条理で身の毛のよだつ衝撃を「サスペリア」現象だと勝手に理解してたんですよ。出鱈目もいいとこなんだけど、怖いものだけを抽出した感じ。それを「サスペリア」と呼ぶなら、確かにパート2だな、って。
ヒロ　ああー、納得かもしれません!
山崎　続編だけど話はつながってない映画もいっぱいあるし。それまでになかった高純度な恐怖、殺人を極上の喜びとする異常者の思念を「サスペリア」と形容したのはあながち間違ってなかったのでは。その「サスペリア」を「アルジェント」に言い換えてもいいですね。
ヒロ　今インディーズで映画を撮ってる人たちの映画からも『サスペリア』というか「アルジェント」を感じる瞬間はあるんです。でも、それを言語化することが難しくて。これがなぜアルジェントなのか。
山崎　名伏し難い戦慄を「サスペリア」とよぶ……(笑)。
ヒロ　『サスペリアPART2』の人形のシーンや出鱈目に思えるような部分も含めて「サスペリア」である、そして「アルジェント」であると。合点がいきました。

ジャッロという定形

山崎　そもそも、ジャッロも定義しにくいですよね。解釈や範疇も人それぞれで。例えば、イタリアの監督たちはジャッロ映画を撮ろうとしてるんじゃなくて、結果的に完成したものがジャッロになったと考えてみたりします。各々のテーマを伝える手段がたまたまジャッロというだけで、本来はジャンルじゃなくて、手法なのかも。

ヒロ　「ジャンルではなく手法」……なるほど。

山崎　その最大公約数が黒ずくめに黒い手袋をして剃刀を持った人。でもそれはアルジェントの発明でもなんでもなくて、マリオ・バーヴァがやってるし、その前にドイツに〝クリミ〟というクライム・スリラーがあった。他にもスペインやメキシコ、イギリスでも同じようなことをやってる人たちがいる。ただ分り易くお手軽に模倣するなら、そういう記号を出して、赤と青の照明を当てれば……ほら。アルジェント！（笑）。

ヒロ　ジャッロにおける最大公約数的なアイコニックなもの、ってことですね。でも、それらを映画に散りばめたところで真にアルジェントを感じられるわけではなく……。

山崎　そこが悩みどころですよね。一方で、ジャッロの文脈からは遠い『記憶の扉』というミステリー映画がアルジェントっぽくて。雨が降ってる林の中をジェラール・ドパルデューが逃げてて、白樺の樹の間を一人称のカメラが通り抜けたりして。「アルジェント」を感じた（笑）。監督は『ニュー・シネマ・パラダイス』のジュゼッペ・トルナトーレ。その後も『鑑定士と顔のない依頼人』とか、ミステリーを何本も撮ってる。

ヒロ　あの監督ですか！　また意外な方が。

山崎　彼は根っからの映画狂で、フェリーニもアルジェントもゴミ映画も区別なく観て、全て肥やしにしたと。打ち出しはドラマ寄りですが、表現の面では一人称カメラや、極端な俯瞰構図、編集のリズム含めて、当然ながらすごくイタリアっぽい。音楽もエンニオ・モリコーネだし。画と音と編集と照明の融合が生む独特なアルジェント感を、上手く引いてる感じがして。

ファミリービジネス

山崎　アルジェントは人がむごたらしく死ぬことに魅せられる自分にモヤモヤしながら、でもこんなに天才的に残酷美をイメージできるんだから、それを映画の形に残したいと望んだ人なんじゃないかと。他のイタリアン・ホラーの監督よりも、かなりインナーワールドの具現化に熱意を傾け、それを観客を巻き込んでどう展開すべきか、苦心してる印象がある。そんな社会不適合者の夢を、父親のサルバトーレと弟のクラウディオ、家族総出で映画にしてきた感じ。後に製作で組むランベルト・バーヴァも、アルジェントの妹とバーヴァの先妻が学校の同級生で、旧知の仲だったとか。

ヒロ　まさにファミリービジネスって感じですね。

山崎　イタリアの映画界はわりと世襲制で、家族や友人に映画関係者がいて、そのツテで業界に入る人が多いみたい。『食人族』のデオダードも、ネオレアリズモの監督のロッセリーニの息子と仲が良くて、遊びに行くとお父さんが息子よりも俺のことを可愛がったとか言ってましたね。フルチは「映画実験センター」から入ってるんですが。

ヒロ　そうですよね。ヴィスコンティと面接したという。

山崎　巨匠に楯突いて合格した問題児で（笑）。

ヒロ　アルジェントのことを「お前は映画一家だから」みたいに言ってたのはデオダードでしたっけ。

山崎　それはみんな言ってる（笑）。アルジェントは常に一人勝ちな感じがするんで。

ヒロ　今回イタリアン・ホラーの原稿を書かせていただくにあたって色んな評論文とかも調べたんですけども、圧倒的にフルチよりもアルジェントの方がたくさん書かれているんですよね。

山崎　アルジェントは1本の映画を撮るのに数年、平気で費やすタイプ。フルチは絶頂期には年に5本とか撮ってるから、1本の映画を丁寧に仕上げるのは不可能だと思うんですね。すぐ次の映画のロケでニューヨークやルイジアナに行くので、最後まで面倒を見ていられない。フルチ組のスタッフがいて、阿吽の呼吸でフルチらしく仕上げてくれる。それはたぶんアルジェントも一緒で、脚本家からカメラマンまで、わりと同じ人を使ってる。でも表現に関しては弘法筆を選ばず型で、CGが使えるなら使うし、ダメなら他の方法で撮ってもいいし、みたいな柔軟性はあるようです。

近年のアルジェント

山崎　新作『ダークグラス』は残念ながらコシが足りない。巻頭のツカミで娼婦殺しがあるんですが、『サスペリア』ならそこに至るまで手間をかけるじゃないですか。なのに、「また呼んでちょうだいねえ」とか愛想振りまいてホテルから出ると、暗闇にギュギュッとギロチンワイヤーを扱くやつがいて。すぐ首を切られる。えっ、殺人鬼の出現情報、これだけ？（笑）。

ヒロ　アルジェントの初期作品では「溜め」というか、殺しに至るまでにブニュエルみたいなカメラワークをやったり、『サスペリア』の冒頭なんてその代表だと思うんですけど、そんな流れがたしかに存在していて、それが殺しのインパクトにつながっていたと思います。でも近年に至るにつれて、そういうのがどんどんなくなってますよね。

山崎　お抱えのスタッフがいなくなって、現場ごとに違う裏方と組むと説明も大変なんでしょうね。お父さんは亡くなってるし、弟とも暫く関わりがない。今度の『ダークグラス』は昔書いた脚本をアーシアが読んで、「これ、いい！」ってプロデュース兼任で出演もして。まだファミリービジネスみたいなことはやってるんですけど。

ヒロ　アーシアの『スカーレット・ディーバ』はアルジェントがプロデュースしてたんですよね。今回の『ダークグラス』はアーシアがプロデューサー。

山崎　プロデューサーの一人ですね。

ヒロ　そこがまたグルッと1周している感じがあっていいですね。ファミリービジネスの流れが。

アルジェントの出自

山崎　脚本家時代には『ウエスタン』でベルトルッチとも一緒にやってます。イタリアのニューシネマみたいな、新しい感覚の映画を作る若手がやはり60年代末くらいから出てきた。アルジェントはその一人なんですね。だから同世代、横のつながりも強く、シネクラブで活動してた脚本家のダルダーノ・サケッティを巻き込んだりして。あとはプロデューサーを介して人脈が広がってゆく。

ヒロ　『黒衣の貴婦人の香水』の監督、フランチェスコ・バリッリもそうですよね。

山崎　史劇やマカロニウェスタンを経たフルチやドゥッチョ・テッサリとかの中堅職人と、シネクラブや批評畑から出てきた新しい人たち。そこは基本的に仲が悪いんですよ。

ヒロ　アルジェントは、ベルトルッチとかそっち側なわけですね。

山崎　だと思います。ベルトルッチも脂が乗り切った重厚な大作『1900年』とか『ラスト・タンゴ・イン・パリ』みたいな映画を『サスペリア』と同じ頃に撮っている。21世紀を前にした1998年の『シャンドライの恋』とか見ると、「こんなフワッと自由でいいの!?」って（笑）。風格やスタイルに固執しない姿勢はアルジェントと似てるかも。明確なイメージがあって、それを伝えるにはジャッロ、あるいはホラーがいいと選ぶだけ。アルジェントも結構パクリ屋なので、過去の映画や芸術からアイコニックなものを引っ張って来ていますけど、最終的には自分の意図した形にそれを再編成している。でも、組み上げたものが決して完璧な建造物にはならないのが、またすごい（笑）。

ヒロ　アルジェントって、もちろん感覚派だとは思うんですけど、完全に感覚派かと言われると違う感じもありますよね。映画文法や、理屈に目を配っている感じもある。脚本家畑出身だからですかね。

山崎　アルジェントは脚本家時代に西部劇とか戦争アクションをやってたんですけど、当時の脚本を見ると「銃の引き金にかかる、指の先の爪……」みたいな記述が多くて、アホかと思ったとみんな言ってますね。細部にばかり視線を注いで、トータルでの全体像はゆるく握ったおにぎりみたいになってる。

オブセッション

ヒロ　握りはゆるいけど、「ここを食え！」という具の作り込みとか味付けがしっかりしてる。特に殺人シーンですね（笑）。だから映画全体を俯瞰するとイビツに感じるんですけど。でもそこが個性的で素晴らしい。近年のアルジェント作品が、ちょっとお疲れというか、あっさりしてる部分があるのは、「ここを食え！」的なシーンを創造するビジョンが枯渇してきてるのか、映画制作におけるシステムの問題で以前ほど画に凝れなくなっているのか。どっちなんでしょう。

山崎　どっちもあるのでは？　フィルム撮影なら現場である程度集中しないと、1度に回せるフィルム尺も限りがあるし、その尺に収まるよう芝居をつけるけど、今は何度でもダラ撮り可能だから、緊張感も違う。あと80歳を過ぎて女性の脚を包丁で切り取ることばかり考えていたら、ちょっとやばい（笑）。平和な感じになってるのはいいと思うんですけどね。

ヒロ　アルジェントというと、どうしてもちょっと変な人という感覚が僕の中ではあるんですが、ギャスパー・ノエの『ヴォルテックス』ではただの老人を演じてるじゃないですか。それが本当に普通の人に見えるんです。それを見て、アルジェントはどんどん普通になっていってるのかな、なんて思ってしまいました。

山崎　普段はみんなで飲んだり食べたり、歌ったり笑ったりするのも大好きだけど、人殺しのことを考えたときだけ、孤高の狂人になるんじゃないかと。

ヒロ　オブセッションですよね。勝手な想像ですけど、四六時中ずっと人殺しのことを考えているんじゃなくて、散歩している時とかに殺しのビジョンがふっと浮かぶ……って感じかなあと。

山崎　絶対そうだと思う。

ヒロ　それはもう撮らざるを得ない。撮らないと！　という妄執に取り憑かれて……そこから映画ができる。僕も生活の中で「こういう風に人が死んだらすごいな」って妄想する瞬間はあるんですよ。でも凡人なので「こうなったら嫌だな」の方向に接続されるんです。アルジェントの描く殺人は「嫌」に接続されない部分がある。

山崎　人の目を釘付けにするような洗練された残虐美。ブランドものの白いシャツを着た女優さんに、スポイトで血をこうやって落としたら綺麗かな？なんてやってる舞台裏写真を見ると、やっぱり芸術家なんだろうなぁと思いますね。

アルジェントの周辺

ヒロ　ファミリービジネスの話で、アルジェントの周辺人物についてもちょっと話せたらと。ランベルト・バーヴァはさっきも出ましたが、あとミケーレ・ソアヴィとルイジ・コッツイについても。

山崎　バーヴァのお父さんマリオは怪奇映画の大家だし、パパジェントは敏腕プロデューサー。一時期エンニオ・モリコーネがアルジェントの家の隣に住んでいて、御飯の後、モリコーネが来てピアノを弾いてくれたのが小さい時の思い出だとか。完璧にお坊ちゃん。

ヒロ　嫌なやつだなあ（笑）。

山崎　ランベルト・バーヴァは学校の成績が悪くて、お父さんがこのまま学校で勉強させてもものにならないから、早いうちに映画の現場に来いと丁稚をさせた。

ヒロ　ボンボンな感じじゃないんですね。

山崎　昔の下町職人一家に近いかも（笑）。バーヴァもソアヴィも、アルジェントと衝突してコンビを解消しますが、コッツィがずっと仲良しなのは、たぶん映画監督だけじゃなく、執筆業やマニアショップ店長も兼任してるから。自分の好きな世界を作るのは同じだけど、コッツィは未だにアマチュア魂を失っていないのかも。

ヒロ　コッツィの『デモンズ6』がめちゃくちゃ好きなんですよ。

山崎　好きそう（笑）。でも、おにぎりの形にすら握れてない映画じゃないすか（笑）。

ヒロ　一応『サスペリア』の続編というメタな感じで作られた映画。『モデル連続殺人！』のオマージュから始まって『サスペリア』の話をして、最終的に『マニトウ』みたいな感じになりますけど（笑）。残酷描写もアルジェントと違って「こうなったら嫌だな」の延長線上。

山崎　グロ汚い路線。ただ、本人はグロは嫌いで、フルチみたいなのは苦手らしいですけど。単純に腕がよくないのかもね（笑）。いや、大好きですけど。『デモンズ6』はジャッロ風の劇中映画を撮る監督をミケーレ・ソアヴィが演じてて、主演女優が「あの監督って本当にヘボね」とか愚痴る。アンタ、よくそんな台詞が書けるなと。

ヒロ　イタリアン・ホラーにおいて、あそこまで自己言及的なものはなかった気がするんですよね。自己言及しちゃう映画って可愛いじゃないですか。

山崎　終始、愛らしいですよね。訳知りの内輪っぽい感じは楽しいですけどね。

ヒロ　『デモンズ6』で監督役で出てたソアヴィも結局アルジェントと割れた。ランベルト・バーヴァもそうですけど、理由は諸説あるじゃないですか。

山崎　ソアヴィは『アクエリアス』でデビューした時、日本ではアルジェントの愛弟子と日本に紹介されたんですけど、映画のプロデューサーはジョー・ダマトでアルジェントは無関係。脚本家もダマト系列の人で。その前に『アルジェント・ザ・ナイトメア／鮮血のイリュージョン』ってドキュメンタリーを作ってるし、助監督も務めてるので弟子筋には違いないですが。

ヒロ　映画のルックとしてアルジェントっぽい部分もありますしね。

山崎　ドキュメンタリーを作る時にアルジェントの映画を研究して、『アクエリアス』で実践したらしいですね。ソアヴィはずっとアルジェントが好きで、『インフェルノ』の感想を伝えたくて、思わずオフィスに電話したらアルジェント本人が出た。感想やら好きな映画やら、ウマが合って現場を手伝いにきなよ、って。『シャドー』では助監をやりながら端役で出演もした。でもアルジェントが『デモンズ3』でランベルト・バーヴァの企画をミケーレ・ソアヴィに振っちゃって。

ヒロ バーヴァとはそこでうまくいかなくなった。

山崎 アルジェントはわりと現場にいろいろ干渉するので、ソアヴィは一度、しがらみを断って映画を撮りたかったみたいな発言をしてましたね。アルジェントも製作中はテンションが高いし、明確なビジョンがあるはず。それと監督自身の意向がずれてくると、一緒にやってても楽しくないってことになるのかな。

ヒロ 『アクエリアス』だけをみると、アルジェント・フォロワーっぽいですけど、フィルモグラフィを見ると全部が全部そうではないですもんね。『アクエリアス』だけがむしろ特殊。

山崎 監督デビュー作だから失敗しないよう、かちっと撮ろうと緊張してる感じ。たぶんお金がなくて、カメラのセットアップが何度もできないから凝ったカット割りはできないけど、その中で間違えないようにしてるのが伝わるから初々しいですよね。

ヒロ そうですよね。

山崎 『デモンズ'95』まで行くともっと自由に撮ってる。ソアヴィはテレビの方で、刑事ものや活劇をやってるんでしたっけ。

ヒロ ホラーはもう撮ってないんですよね。

山崎 オファーがないとね……自主製作では撮らないだろうし。ホラーにこだわらなくてもいいと思ってるのかな。

ヒロ ランベルト・バーヴァも同じですよね。『ザ・トーチャー拷問人』っていう映画が最近あったけど、あれ以外はホラーじゃない。ああ、『デモンズキラー／美人モデル猟奇連続殺人』もありましたけど。とにかくフィルモグラフィを振り返ると、ホラーづいているわけではなくて。

山崎 テレビのファンタジードラマ『ファンタギーロ』が大当たりしたしね。第5シーズンまで展開したので、だいぶルサンチマンみたいなものが解消したのでは。本来はホラーよりファンタジーが撮りたかった人なので。

ヒロ 『デモンズ2』があまりにも出来が悪いからアルジェントがランベルト・バーヴァを切ったというのはデマだったんでしたっけ。

山崎　その可能性もあるけど（笑）。『デモンズ３』は脚本作りが難航してるうちに、出資先の会社が手を引いちゃって。いつまでたっても脚本ができないから、別な原案を練り直してソアヴィの監督で『デモンズ３（チャーチ）』を立ち上げたら、バーヴァの方も『デモンズ３（オウガー）』という企画をアルジェント抜きでやろうとして揉めた、という感じかな。
ヒロ　『オウガー』はその後ＴＶムービーとして結実するんですよね。

アルジェントのジャッロ

ヒロ　アルジェントはジャッロに関してだいぶ自分から言及しますよね。ジャッロとはこうであり、自分の作品はフロイト的でありとか、定義づけをする人だというのは意外なんですが。
山崎　人殺しの衝動が出発点で、説明は後付けのような気もする。「この場面にはフロイト的な意味があるけれど、最終的な解釈はあなたに任せます」とか。いつもそんな具合。
ヒロ　ミステリーということになってますし、殺人事件とかそういうところから入っていくんですけど、出た時にまともな通路を通った気がしないんですよね。
山崎　殺人事件を探偵が調査し、謎やトリックを現実に即した推理で解いていくものを「本格探偵小説」と呼ぶんですって。逆に直感や夢、成り行きで犯人がわかっちゃうのは「変格」小説。まあ、元々の意味は違うらしいですが、アルジェントはまさに「変格推理映画監督」ですよね。しかも、視覚と記憶がカギ。謎解きのヒントは最初に出てくるけど、意味は分からなくて。物語を追ってるうちに忘れちゃう。それで結末に「ね、こうだったでしょう」みたいな回答が出てきて「うわっ、すごい！」となる。小難しいロジックではなく、公平に映像で与えられた手がかりだから、衝撃度もデカい。本当に映画ならではのトリックというか。
ヒロ　そういうところを拾って映画にしてるけど、やっぱり整ってないという（笑）。

COLUMN

アルジェントと音楽

宇波拓

アルジェント作品の音楽と聞いて、ゴブリンの名を思い浮かべないひとはいない。だが、その関係性が成立する背景には、アルジェントの音楽へのこだわりが招いた偶然の積み重ねがある。

動物三部作とも呼ばれる初期作品『歓びの毒牙』『わたしは目撃者』『4匹の蝿』で音楽を担当したのは、ほかならぬエンリオ・モリコーネである。美しいメロディーで知られるモリコーネだが、同時に、特殊奏法を駆使した集団即興演奏グループ〝Gruppo di Improvvisazione di Nuova Consonanza〟の中心メンバーでもあった。ドキュメンタリー映画『モリコーネ 映画が恋した音楽家』（21）で本人の語るところによれば、モリコーネのアヴァンギャルド指向が遺憾なく発揮されたのが、これらのアルジェント作品である。番号が振られたいくつかの線がスコアとして用意され、編集されたフィルムを上映しながらモリコーネが指示を出し、即興で録音されたという。リリシズムを湛えた室内楽曲、軽快なロック、アブストラクトな即興演奏が交錯するサウンドトラックは、作品に深みと緊張感を与えたが、映画プロデューサーだったアルジェントの父からは、3つとも音楽が全部同じだとの批判を受けたという。そのためかはわからないが、それ以降、アルジェント／モリコーネのコンビは90年代の『スタンダール・シンドローム』『オペラ座の怪人』まで実現しなかった。

モリコーネに次いで、『ビッグ・ファイブ・デイ』の音楽を手がけたのは、ジャズ・ピアニスト、ジョルジュ・ガスリーニである。めずらしくコメディ寄りのこの作品に、管弦楽やシンセサイザーを織り交ぜた、クラシカルで重厚ななかにも軽妙さのあるスコアを書いている。おそらくアルジェントも多大な期待をもって、自身の本領発揮たるジャッロ路線への復帰作『サスペリアPART2』の音楽にガスリーニを指名したが、しかし、その出来には残念ながら納得がいかなかった。想像することしかできないが、『サスペリアPART2』の主人公はジャズ・コンボを率いるピアニストであり、ガスリーニは自分を重ね合わせて、スリラー色の薄いジャズ曲を作ってしまったのだろうか。作品の本質が損なわれることを危惧したアルジェントがコンタクトをとったのは、ほかならぬピンク・フロイドである。既にミケランジェロ・アントニオーニ『砂丘』のサントラを手がけていたことを受けてのオファーだったようだが、この交渉は失敗に終わった。ホドロフスキーが『DUNE』の制作に着手したのも75年で、同じくピンク・フロイドに白羽の矢を立てている。なんだかヤバそうな映像作家から立て続けにオファーをうけ、困惑していたとしても不思議ではない。

困り果てたアルジェントだったが、ここで敏腕プロデューサーたる魔術的なアンテナの精度を発揮し、レコード会社がガスリーニ曲を演奏するために呼んでいた若手バンド、

Cherry Five に突如注目する。ロンドンで、イエスのプロデューサーの元で活動をはじめたものの、資金難でイタリアに帰国。ようやく契約したCinevoxでも、元々Oliverというバンド名だったのがとくに説明もなくCherry Fiveに変えられ、メンバーも定まらず、仕事も映画音楽伴奏の営業ばかり、というあまり恵まれていたとは言えない状況だったこのバンドに、アルジェントは、キミたちぼくのサントラつくっちゃいなよ、と言ったかどうかは定かではないが、とにかくサウンドトラックは彼らの手によって突貫工事で作り直され、バンド名が映画に合わないと考えたアルジェントによってまた改名することになり、そしてわれわれのよく知るゴブリンが誕生した。映画の大ヒットだけではなく、75年からイタリアヒットチャートをみると、サウンドトラック盤にもかかわらず5週連続で一位を獲得している。Cherry Five 名義で唯一残されたアルバムを聞くと、正直なところ、イエス・フォロワーの域を出るものとは言い難いのだが、たしかに演奏技術も表現力も鬼気迫るものがある。この器に、モリコーネとのディープな

共同作業を経由したアルジェントが、その構築力と猟奇性を注入することにより、あの血塗られた大伽藍のようなゴブリンの音楽が創造された。まさしく錬金術というほかない。

以降、ゴブリンはアルジェント作品に欠かすことのできない存在となっていくが、『サスペリア』の後、プロデュース作『ゾンビ』を経て、その路線を踏襲するとおもわれた『インフェルノ』の音楽は意外にもキース・エマーソンによるものだ。そのピアノは繊細さを感じさせる美しく重厚なものだが、ミニマルなフレーズの繰り返しはどうしても前作を想起してしまう。教会が焼け落ちるクライマックスののちに流れるエンディング曲も、言われなければゴブリンだと思ってしまうが、これはエマーソンがゴブリンに寄せてしまったというより、アルジェントが音楽の細部にいたるまで的確にプロデュースしていると考えるべきだろう。

最新作『ダークグラス』には、当初ダフト・パンクが手がけるという報道があったが、情報源がアルジェント自身だったにもかかわらず、残念ながら実現しなかった。しかしながら、ダリオ・アルジェントは、音楽だけに注目しても、ゴブリンの発明に顕著なように、常にアンテナを張りつづけ、自分の作品に最も必要な要素を探し当てる才に長けている。まさしく、総合芸術としての映画における「鮮血の魔術師」の呼び名に、これ以上ふさわしい人物はいない。

COLUMN

最高のパートナーにして魔女の血族――ダリア・ニコロディ（1950-2020）

森本在臣

ダリオ・アルジェントにとって、最高のパートナーであったダリア・ニコロディ。もし彼女がいなかったら、アルジェント作品の大半は存在しえなかったであろう。とはいえ、二人は破局以前も決して仲睦まじい夫婦であったわけではなく、むしろ険悪な雰囲気であった時期の方が長い。しかし、互いに衝突しながらも、それが良い方向へ作品に反映されている事実を前にすれば、個人的な二人の間の感情など第三者が口を挟むことではないだろうし、結果論で言えばお互いがお互いを高め合う存在であったことは明らかである。

ダリア・ニコロディは法律家の父と心理学者の母の間に生まれた。いわばお堅い家庭であり、そこへの反発もあって女優を志し、家を出てローマの演劇学校へ入学。舞台女優として活躍していたが、映画にも進出し、エリオ・ペトリの『Property Is No Longer a Theft』(73)に出演したことで注目を集める。そんな中、『歓びの毒牙』の大ファンであったニコロディは、アルジェントと仕事がしてみたいと思い立ち、『サスペリアPART2』のオーディションを受け、見事ジャンナ役に抜擢された。このアルジェントとの出会いこそが、後の数々の名作を生み出すことになるのである。

アルジェントは『サスペリアPART2』において、ニコロディを男勝りな強い女性記者として描いている。これは、主演のデヴィッド・ヘミングスが非力な男性ピアニストのイメージであることの対比としての配置だ。劇中では、ニコロディ演じるジャンナが腕相撲でヘミングスを捩伏せるシーンもある。このシーンは何度も撮り直したというから、アルジェントにとっては重要なカットだったのであろう。その他にも、ニコロディは身振り手振りを激しくすることや、早口で喋るようにする等の細かいキャラクター作りで、強い意志を持った女性記者ジャンナを見事に演じている。

そしてこの『サスペリアPART2』の撮影時に、アルジェントとニコロディの関係はスタートし、しばらくは良好に続いていく。大きな衝突があったのはその後『サスペリア』の制作に入ってからだ。

すでに『サスペリアPART2』(邦題のせいで紛らわしいが、こちらが先の作品である)の大ヒットでジャッロの帝王となっていたアルジェントは、次なる道を模索していた。そんな時、ニコロディの助言もあり、自身の表現の中にあるオカルト的な部分を前面へ押し出した映画を撮ることにしたのである。それが『サスペリア』なのだが、基本アイディアやコンセプトの大半はニコロディのものであり、脚本もアルジェントとの共同執筆。つまり、史上最もニコロディの色が強い作品と言っても過言ではないのだ。

というのも、本作の原点はニコロディの祖母が不思議な白魔術師であったことで、かつて祖母から聞いた話にインスパイアされて『サスペリア』は作られているからである。

ニコロディの祖母は少女の頃、スイスにある神智学で有名なルドルフ・シュタイナーの学校にピアノ習得の目的で通っていた。この学校では芸術教育にも力を入れていたが、授業で黒魔術も教えており、ニコロディの祖母は怖くて逃げ出したという。その話を聞いていたニコロディは、アルジェントへ取材旅行に出ることを提案。二人はそこで件の学校にも訪れ、ちょっとした不思議な体験もしているのだが、そのエピソードはいろんなところでニコロディ本人が語っているのでここでは割愛する。

ニコロディの影響ですっかり路線変更に意欲を向けたアルジェントは、『サスペリア』の制作へ突入するのだが、ここで二人の間に亀裂が生じる。

当初ニコロディは「サスペリア」の脚本を自分が主演することを想定して書いていた。祖母に聞いたエピソードや自身のアイディアをフルに活かした内容なのだから、当然自分で主役も演じるつもりでいたのである。ところが、アルジェントは主役をジェシカ・ハーパーに決定し、ニコロディには脇役であるサラを演じるよう要求してきたのだ。自身の持てる創作意欲のすべてを費やした作品で主役を演じられない、という不満が爆発したニコロディは、当然ながら映画を降板し、アルジェントとの関係にも翳りが広がっていった。

そんな経緯もあった『サスペリア』はしかし、世界的に大ヒットし、日本でも急遽前作が『サスペリアPART2』として公開されるなど、アルジェント人気は高まっていく。『サスペリア』で不満を持ったニコロディではあったが、次の『インフェルノ』でも原案を担当し、アルジェントが脚本を書いている。ここでニコロディの名はクレジットされていないのであるが、このことを本人は「あくまでダリオが表へ立って、自分は目立ちたくはなかった。クレジットは欲しくなかった」と語っている。

その後もいくつかのアルジェント映画に出演し、彼女ならではの個性を存分に発揮したニコロディだが、惜しまれながら2020年に逝去。没後その功績を振り返ってみても、やはりアルジェントとのタッグは唯一無二であったと思わせられる。彼女はアルジェント映画において、最も重要な人物の一人なのである。

COLUMN

アーシア・アルジェント――銀幕とその裏側

片刃

「将来は父と共に働きたい。尊敬しているんです」アーシア・アルジェントがそう語ったのは14歳のとき、『マスターズ・オブ・ホラー／悪夢の狂宴』の父親ダリオの撮影現場でのことだった。9歳のころからイタリアでテレビミニシリーズへ出演し、『デモンズ2』など映画出演経験もあったアーシアだが、父監督のもとで共に仕事をする夢が叶うのは、それから3年ほど後のことだった。

そこでおそらく懸念されたのは、ダリオ・アルジェントが作品内において美少女を悲惨な目に遭わせずにはいられないことだろう。案の定、初の親子共同作業となった『トラウマ／鮮血の叫び』では、ダリオは我が子であろうと、あるいは我が子だからこそ容赦なかった。拒食症と自殺未遂、首を切断された両親の姿を見せつけられる初っ端から真相に至るまで、人生がハードモードすぎるヒロイン像。もっとも、針金地獄に落とすだの蛆虫プールに落とすだの歴代犠牲者ほどの被害インパクトではない……はずなのだが、問題は特に必然性もないようなシーンでアーシアが上半身裸になることである。当時アーシアは17歳。監督が父親とはいえ、成人に満たない役者をトップレスにするのはどうなのか。周囲の大人に引きずられて同意していないだろうか。『トラウマ』自体はジャッロ路線で面白い映画ではあるし、未成年俳優のきわどい演出問題を抱える映画は世界でこの作品だけではないものの、その瞬間だけは窃視的な撮り方も相まって、どこか居心地の悪さを覚える。

むしろダリオがアーシアに対して主演女優加虐演出スピリットを炸裂させたのは『スタンダール・シンドローム』。連続レイプ殺人犯を追ううちに自らも標的となり、精神的にも追い詰められていく刑事アンナ・マンニの役だ。切りつけられ陵辱され監禁される受難の嵐に、アーシアは撮影が終わった直後泣き出すこともあった。この時点で俳優としてのキャリアは10年近くになるアーシアだが、それでもたった20歳。夢であった父との仕事とはいえ過酷である。ただ、幼い頃から父の映画作りの現場を見て成長してきただけに、わざわざ過激なシーンを撮りたがるダリオの意図は理解していたようだ。

その後もアーシアは父の映画にはコンスタントに出演を続け、ヌードを惜しみなく披露することもしばしばある。100％の断言はしづらいものの、父親とはある程度信頼関係の上に成り立った撮影はできているのだろう。大胆なヌードやベッドシーン、暴力的なレイプシーンを演じる俳優はよく「体当たり演技」と評価されるが、その体当たりには信頼とケアが必要だ。

だが、撮影の外側で、ホームグラウンドから離れたアメリカの映画界で、アーシアは裏切られ守られなかった。ワインスタインによる女性俳優たちへの常習的な性暴力が、アーシアにも及んでいたのだ。『スカーレット・ディーバ』で描かれていたアメリカ人プロデューサーによるレイプ未遂は、今でこそワインスタインのことだと誰もが分かる。だが、それはアーシアが公に被害を告発できた2017年の#MeTooムーヴメントを経てからのこと。実に20年近くも沈黙を守らざるを得なかったということだ。また、後には『トリプルX』のロブ・コーエンからの性的暴行についても告白している。役柄と役者自身は同一ではないと知ってはいても、スクリーンの中においてはタフでダーティーなことも厭わず、時に意地の悪さも見せるキャラクターが印象づけられていただけに、彼女ですら性犯罪から逃れられず告発すら抑え込まれていたのかという絶望感に覆われる。思えば『スカーレット・ディーバ』でも、全裸で追ってくるプロデューサーに並んでグロテスクなのは、アンナ・バティスタが逃げた先にいた業界関係者に助けを求めるどころか咄嗟に笑顔で会釈せざるを得ないところだ。

さらにその翌年には、アーシア自身にもかつて共演したジミー・ベネットから性加害の告発が持ち上がった。アーシア側は告発内容を否定し、自身が被害者であると主張していて話が噛み合わず、今も真実が分からないままだ。『スタンダール・シンドローム』のアンナのように、かつての被害者が加害者を内面化してしまうことが現実に起きていて欲しくないところだが、違っていたとしても彼女が犯罪被害者であるという辛い現実が待っている。奇しくもアーシアの監督作『スカーレット・ディーバ』と『サラ、いつわりの祈り』は、アーシアと性的虐待を象徴する映画になってしまった（後者に至っては、エヴァン・レイチェル・ウッドら複数の女性への性的虐待で訴えられているマリリン・マンソンもいる……）。

「父と共に働きたい」と語っていた14歳の女の子は夢を叶え、時に儚く時に不敵に銀幕の中で活躍している。だが、銀幕の裏で蠢くあまりにも巨大な闇に呑み込まれてもいる。これればかりは、あの女の子に背負わせるべき運命ではなかった。

COLUMN

「ぶっ殺し」と「ぶっ壊し」アルジェントに影響を受けた新世代の映像作家たち

ヒロシニコフ

アルジェントの影響を受けた映像作家たちについて考えるにあたっては、作品の表層ではなく、まずアルジェントその人の作家性を解読しなければならない。本書に収録されている山崎圭司氏との対談において、その深奥に触れることができた。詳しくはその項をご参照いただきたい。では、そこで得た「アルジェントの作家性」に関する答え（あるいはその一端）を基に、アルジェントに影響を受けた現行の映像作家たちについて考えてゆきたい。

アルジェントの作家性を「殺しのビジュアルを起点とした作品創り」「己のビジョンに根差した感覚世界の映像化（ざっくり言うと「洗練されたヘンなもの」といったところか）」といったん定義してみる。ビジュアルとしての「ぶっ殺し」と、自身が映像として創造したい感覚を優先するがゆえの映画文法の「ぶっ壊し」。この2つがアルジェンティズムの構成要素だと言える。

それではまず「ぶっ殺し」に影響を受けた監督たちについて見ていこう。先陣を切ってもらうのはパスカル・ロジェ。「ニューウェイヴ・フレンチ・スプラッター」の旗手だ。『マーターズ』(08)はショットガンで撃たれて吹っ飛ぶグザヴィエ・ドランを筆頭に、人間の殺害、その一点のみを起点として肉付けされた映画であった。同時期にムーヴメントを担ったアレクサンドル・バスティロとジュリアン・モーリーもそうだ。『屋敷女』(07)の本編における「ぶっ殺し」のインパクトたるや壮絶だが、条理なく死者が蘇る「ぶっ壊し」要素が混入されていることも忘れてはならない。

ネオ・ジャッロの立役者オネッティ兄弟を排出した国、アルゼンチンにも「ぶっ殺し」監督がいる。アドリアン・ガルシア・ボグリアーノだ。スローモーションを効果的に使用した殺害シーン、そして要所でガツンと流れるヘヴィ・ロック。このスタイルは同監督作にて反復されており、アルジェントに対する深い敬愛が窺える。ジャッロ的なアイコンを使用せずとも、アルジェントを咀嚼してオリジナリティへと昇華することは可能なのだ。

また、ニコラス・オネッティがプロデューサーに名を連ねた『アクアスラッシュ』(19)も、殺しのビジュアルを足掛かりに作られた映画である。監督はルノー・ゴティエ。円管型ウォータースライダーのド真ん中にバッテン状に刃物が設置され、楽しく滑ってきた若者たちの肉体が無惨に切り刻まれる、人間ところてん映画だ。ジャッロに対する目配せが感じられる部分もあるのだが、とにかく「ぶっ殺し」にステータスを振り切った歪さが気持ちよい。

スペインの鬼才アレックス・デ・ラ・イグレシアも「ぶっ殺し」に魅せられた監督だろう。「殺し」

を作劇の原動力とした『気狂いピエロの決闘』（10）の破壊力も凄まじいが、『刺さった男』（11）で見せてくれた「頭に鉄骨が刺さった」という「致死」の一点のみで映画をデッチ上げる様は、まさしくアルジェンティズム。新作『ベネシアフレニア』（21）では遂にジャッロの領域へと突入してみせた。偶然にも本邦では『ダークグラス』と同じ月に劇場公開となる。

アルジェントからの影響を映像面でも隠すことなく「ぶっ殺し」に精を出すイタリア人監督がカブリエル・アルバネージだ。『悪魔のいけにえ』ミーツ・アルジェントな『イタリアン・チェーンソー』（05）や、洗練されつつもやはり見せ場は「殺し」である『Ubaldo Terzani Horror Show』（13・未）と、ネオ・ジャッロなる言葉の無い時代より、イタリア残酷映画の復興を！　と気炎を吐き続けている姿が実に猛々しい。

それでは「ぶっ壊し」に影響を受けた、自身の脳内ビジョンの映像化を偏執的に追い求める監督たちにも目を向けよう。まずは、ピーター・ストリックランドを挙げたい。『バーバリアン怪奇映画特殊音響効果製作所』（12）は、70年代のイタリアン・ホラー映画の制作現場を描く「映画の映画」だ。恐怖の核を直接描かず、映像で「何かおそろしいもの」を縁取ってゆく手法は、まさしく魔女不在の『サスペリア』。続く『ファブリック』（21）でも不条理で不可解な世界を展開し、観客の背中に厭な汗を流させた。

『マンディ 地獄のロード・ウォリアー』（18）パノス・コスマトス監督も自身のイメージをフィルムに焼きつけることに心血を注いでいる。ストーリーはシンプル、かつジャンル映画に忠実なのだが、監督の脳内を通して翻訳された映像はドラッギーな怪光線を放つ唯一無二のものだ。

『サスペリア』の幻想的なイメージの洪水を濃縮還元したかのような映像作品を放ち続けている監督がコズモトロピア・デ・シャムだ。シャムの作品は、エフェクトを多用したアシッドな映像を繋いだＭＴＶ感覚に満ちたもの。アルジェントは安直に映像エフェクトを使用しないが、ＭＴＶ感覚は持ち合わせているように思える。シャムの映像手法は、その点においてアルジェントの影響を受けたものとしては最適解なのかもしれない。

フランスの鬼才、ヤン・ゴンザレス監督の作品にも「ぶっ壊し」アルジェンティズムが漂っている。60年代ポルノ映画の持っていた退廃的な香りを感じさせつつも端正に整えられた映像、劇中と現実の境目をファジィにしてゆく作劇が特徴的だ。『ナイフ・プラス・ハート』（20）では持ち味をそのままに、ジャッロ方面へと接近。しかし「フーダニット」に頓着せず人間の欲望と感情が揺蕩う様をサイケデリックに描き出してみせた。

ゴンザレス監督と親交が深いベルトラン・マンディコ監督も同様の手触りを有した作品を制作している。新作長編『After Blue』（21・未）は官能的な輝きを纏った映像で紡がれるＳＦレズビアン西部劇だ。性への渇望と死への諦念を、ジャンル映画らしいギミックと極度にアーティスティックな表現というパラレルに存在するものへと落とし込み、相反する情動を映像で語ることに成功している。まさに映像表現を全てに優先した、己が感覚世界の顕現である。

ネオ・ジャッロがアルジェントの影響下にあるのはもちろんのこと、ジャッロという形式で出力することなく、その影響を詳らかにする監督は上記のごとく数多く存在している。アルジェントの影響はジャンルの垣根を飛び越え、あらゆる映画を貫く。我々が映画を観るとき、アルジェントの影（Tenebre）もまたそこに在るのだ。

小特集：ジャッロ入門

概説「ジャッロ映画」とは

山崎圭司

—犯罪捜査は退屈だ。だが、退屈な箇所を切り捨てれば、ベストセラーができる。

ダリオ・アルジェント監督の『シャドー』で、人気推理作家ニールは創作の秘密をこう明かす。これはまさに、ジャッロ映画の本質である。

ジャッロとは伊語で「黄色」の意味。イタリアの出版社モンダドーリが、アガサ・クリスティやエドガー・ウォーレス、エラリー・クイーンら英米推理作家の代表作を翻訳。1929年から黄表紙の叢書として刊行したことから、転じて大まかにミステリーを指す呼称となった。このシリーズにはイタリア作家も含まれていたが、当時は国産の「名探偵」を排出するには至らず、主に犯罪のスリルや刺激を愉しむ側面が重視されていたという。

この特徴はジャッロ映画にも引き継がれ、主人公はプロの捜査人ではなく、偶然に犯罪を目撃し、事件に巻き込まれた素人探偵のパターンが圧倒的に多い。もちろん、殺人に隠された人間の哀切を描く『刑事』（59）や、フランスの名物警視を拝借した「Maigret a Pigalle（モンマルトルのメグレ）」（66）などの例外はあり、1950年代末から西ドイツで大流行した「クリミ」と呼ばれる犯罪・刑事映画群（特にエドガー・ウォーレス原作の映像化が有名）の影響も指摘されるが、直接の原型となったのはやはりヒッチコックの『サイコ』（60）と、アンリ＝ジョルジュ・クルーゾーの『悪魔のような女』（55）だろう。どちらも探偵は脇役で、観客を震えあがらせるショック描写に主眼を置く。

ジャッロ映画第一号と評されるのは、怪奇映画の巨匠マリオ・バーヴァ監督の『知りすぎた少女』（63）だが、タイトルからしてヒッチコックの『知りすぎていた男』（56）のもじり。終盤で正体を現した真犯人は『サイコ』の如く溢れ出る狂気を露わにする。

だが、謎解きの興味を結末まで引っ張るフーダニット（犯人当て）構成では、気まぐれな観客が飽きる。そこでバーヴァは『モデル連続殺人！』（64）でハウダニット（どうやって殺すか）の面白さに寄せて凶器や手口の異なる残酷な殺人をつるべ打ちにし、『血みどろの入江』（71）ではさらに殺人の回数を増やしてボディカウント（死体の勘定）

趣向を開拓。派手な殺人自体を売り物にした『13日の金曜日』(80)などのスラッシャー映画の鋳型を確立する。

一方、『悪魔のような女』を踏襲したのが『デボラの甘い肉体』(68)に始まる美女受難型のジャッロ。こちらはハリウッドから都落ちしたキャロル・ベイカーと、妖艶美女エドウィジュ・フェネシュ主演の連作が有名だが、やはり見せ場を増やすべく単体女優ものから、お色気美女を皆殺しにする『タランチュラ』(71)や『So Sweet, So Dead』(72)に進化。女学生が狙われる学園ジャッロも「Nude... si muore(裸になると…死ぬ)」(68)や『ソランジェ 残酷なメルヘン』(72)、『影なき淫獣』(73)と猟奇度を高め、ボディカウント演出に舵を切ってゆく。

ジャッロは作家系の監督にも魅力的だったようで、『殺しを呼ぶ卵』(68)のジュリオ・クエスティや『怪奇な恋の物語』(68)のエリオ・ペトリ、『死んでいるのは誰?』(72)のアルド・ラド、『笑む窓のある家』(76)のプピ・アヴァティらが、それぞれの主題を追求。有閑富裕層の退廃や地方の土着迷信を殺人事件の謎と絡めて掘り下げた。また、こうした退廃から倒錯と猟奇を強調し、『デリリウム』(72)などの異色作も生まれた。

社会派の視点と洗練された映像、過激な暴力描写を併せ持ち、ジャッロに赤い爪痕を残したのが鬼才ルチオ・フルチ。ヒッチコックばりの一人二役犯罪劇『女の秘めごと』(69)を筆頭に、『幻想殺人』(71)では度肝を抜く残酷描写と前衛的映像美を展開。『マッキラー』(72)ではイタリアの南北格差と聖職者の犯罪に焦点を当てた。

変幻自在のフルチに比べると、アルジェントは処女作『歓びの毒牙』から先入観と錯覚が事実誤認を招く視覚トリックと、強烈なトラウマが誘発する精神の歪みを主題に、ジャッロ作家として一貫したスタイルを固持している。

イタリア娯楽映画の伝統にもれず、ジャッロは粗製乱造と過激化を極め、70年代いっぱいで下火になった。より露骨なポルノが氾濫し、食人族やゾンビが人間を食い散らす世紀末的俗悪映画にお株を奪われ、徐々に消滅していった。

現時点で日本に紹介されたジャッロはそれほど多くなく、アルジェントの初期作品を含め、劇場公開時も基本的にはキワモノ扱い。『影なき淫獣』は香港ポルノ『金瓶梅』(74)と、『美女連続殺人魔』(72)は仏製モンド映画『残酷 裸の魔境』(73)と併映で盛り場の映画館の闇に消えた。金田一耕助が活躍する横溝映画や、土曜ワイド劇場の明智シリーズと良く似た感触を持つジャッロ。それが熱烈な支持を受けられなかった一因は、陰惨な物語を分析し、客観性を与える名探偵の不在が大きかったのかもしれない。人間の最も混沌とした暗部を切り裂くジャッロ。今こそ、再評価を望む。

『知りすぎた少女』（63）

ジャッロの始祖的な作品は何かと問うならば、まずは本作を挙げたい。これ以前にもイタリアン・サスペンスは幾つかあるにはあるのだが、ジャッロというジャンルを提示したという意味で考えると、やはりこの『知りすぎた少女』こそが、ジャッロの夜明けとして相応しい作品であろう。クリスティーの『ＡＢＣ殺人事件』の要素を軸に構築されたストーリーだが、複雑な経緯もあり、脚本を６人で担当している。それでも、サスペンス映画としての整合性は崩れていない上に、むしろ、鑑賞してみればバーヴァのヒッチコックへ対する憧憬が、単なるパロディの枠を軽々と超え、優れた映画として形になっているのがはっきりと確認できる。エレベーター、電話、テープレコーダーといった小道具の描き方から、この映画が後に登場するアルジェントへ多大なる影響を与えていることも見逃せない。まさに、ジャッロ映画における歴史的重要作であり、今後も語り継がれるべき大傑作だ。（森本在臣）

LA RAGAZZA CHE SAPEVA TROPPO
THE GIRLS WHO KNEW TOO MUCH

監督：マリオ・バーヴァ
脚本：マリオ・バーヴァ、エンツォ・コルブッチ、エンニオ・デ・コンチーニ、エリアーナ・デ・サバタ
ミーノ・グェルリーニ、フランコ・プロスペリ
音楽：ロベルト・ニコロッシ
出演：レティシア・ロマン、ジョン・サクソン

『モデル連続殺人！』（64）

『知りすぎた少女』でヒッチコック的サスペンスを研磨し、ジャッロの礎を築いたバーヴァ。しかし、より後続のジャッロ映画へ影響を与えたのは本作『モデル連続殺人！』の方だ。覆面に黒手袋の殺人者というアイコンを確立したのみならず、元来の合理的な物語性に重きを置くサスペンスに、映像で魅せるスリラーとしてのインパクトを盛り込み、ジャッロ映画というものを定義してみせた大傑作である。それまでの米国の倫理的な定型のサスペンスとは異なり、凝った殺害シーン等で残虐性を強調した本作によって、ジャッロの独自性は開花したのだ。本作は照明やカメラワークへのこだわりを感じさせるが、これはバーヴァのセンスに加え、フルチの『幻想殺人』（71）やアルジェントの『サスペリアPART2』にも参加している撮影のウバルド・テルツァーノの存在も大きい。それまでの映画になかった革新的な画面を提示した、ジャッロの源流に位置する歴史的最重要作である。（**森本在臣**）

SEI DONNE PER L'ASSASSINO
BLOOD AND BLACK LACE

監督：マリオ・バーヴァ
原作：ジョゼフ・シェルダン・レ・ファニュ
脚本：マルチェロ・フォンダート、マッシモ・パトレジ、アルフレード・ミラビル
音楽：カルロ・ルスティケリ
出演：エヴァ・バートック、キャメロン・ミッチェル

『裸になると…死ぬ』(68・未)

当初はマリオ・バーヴァが監督する筈であったが、諸事情により「幽霊屋敷の蛇淫」の監督、アントニオ・マルゲリティが撮ることで落ち着いた作品。本作の舞台は全寮制の女学院であり、暗躍する殺人者の描写も含め、後のダリオ・アルジェント作品に先駆けて、ジャッロというスタイルの礎を築いた作品の一つとしてカウントしても差し支えない映画である。しかし、スーツケースに入れられた死体が女子寮の地下室に搬入される、という序盤の魅力的な導入部でワクワクさせられるも、いまいち盛り上がりに欠ける展開が本作を埋もれさせている原因なのかもしれない。サスペンスとしてのスリリングさが希薄であり、インパクトが弱いのである。それでも、本作の持つ先行性は評価されるべきであり、後続作品へ示したジャッロの一形態として、今後も語られるべき重要作であろう。日本未公開で観ることが困難ではあるが、ジャッロ・ファンならば押さえておくべき作品である。(森本在臣)

NUDE... SI MUORE
NAKED... YOU DIE

監督:アントニオ・マルゲリティ
脚本:アントニオ・マルゲリティ、フランコ・ボッターリ
音楽:カルロ・サヴィーナ
出演:マーク・ダモン、エレオノーラ・ブラウン、サリー・スミス

『殺しを呼ぶ卵』(68)

当時、本国イタリアでは同監督の大ヒット作『情無用のジャンゴ』を上回る興行成績を収め、日本でも鳴り物入りで公開された本作。しかしながら、日本ではいまいち振るわず、ソフト化もされないまま長い間カルト作品として語り継がれてきた映画である。ジャッロの枠に収まらないアートな画面に、アヴァンギャルドな音楽、そして社会風刺の面も覗かせる怪作ではあるが、ぎりぎりサスペンス劇として成立させているところにセンスの良さを感じる。また、ゴダールの『ウイークエンド』(67)を思わせる自動車事故回想シーンが唐突に挿入されるが、本作の方が先に完成していたところを見ると、特に影響があったわけではなさそうだ。翌年に『キャンディ』(68)で人気を博すエヴァ・オーリンも出演しているし、少し洒落た感じのジャッロを観てみたい、という向きにはぴったりの作品である。2022年に突如「最長版」が日本で上映されたので、今後の国内ソフト化にも期待したい。(森本在臣)

LA MORTE HA FATTO L'UOVO
DEATH LAID AN EGG

監督：ジュリオ・クエスティ
脚本：ジュリオ・クエスティ、フランコ・アルカッリ
音楽：ブルーノ・マデルナ
出演：ジャン=ルイ・トランティニャン、ジーナ・ロロブリジーダ

ジャッロ30選

『怪奇な恋の物語』（68）

エリオ・ペトリはいわゆる犯罪劇の名手であるのだが、本作はそんな彼の作品の中でも異色のジャッロ。冒頭からいきなりモリコーネらしからぬ攻めたフリー・ジャズ風の音楽が鳴り響き、幻惑的な世界へ引き込まれる。撮影を『サスペリアPART2』にも携わっていたルイジ・クヴェイレルが手がけていることもあり、目眩く色彩豊かな画面も美しい。名優フランコ・ネロを筆頭とする役者陣の演技も素晴らしく、前衛かつ異色の映画ながらも、繰り返し観たくなるような中毒性を孕んでいる。余談だが、当初主人公役をジャック・ニコルソンが演じる予定だったものの、スケジュールの都合でフランコ・ネロに変更されたという。ジャック・ニコルソンも良さそうだが、本作の主人公にはフランコ・ネロの方が結果としてイメージに合致していたと思う。不安定で奇怪な感触を持つ本作において、フランコ・ネロのキャラクターはこれ以上ない適役であろう。それも含め、必見の傑作である。（森本在臣）

UN TRANQUILLIO POSTO DI CAMPAGNA
A QUIET PLACE IN THE COUNTRY

監督：エリオ・ペトリ
脚本：エリオ・ペトリ、ルチアーノ・ヴィンチェンツォーニ
音楽：エンニオ・モリコーネ
出演：ヴァネッサ・レッドグレーヴ、フランコ・ネロ

『デボラの甘い肉体』（68）

アカデミー主演女優賞にノミネートされた『ベビイ・ドール』（56）でお馴染みのキャロル・ベイカーは、ウンベルト・レンツィと組んだ『狂った蜜蜂』（68）、『甘く危険な女』（69）、『殺意の海』（69）の三部作にも出演するなど、ジャッロ愛好家の間でも人気だ。中でもロモロ・グェッリエリ監督の本作は、キャロル・ベイカー主演作品の代表的なジャッロであり、タイトルほど官能的ではないが、充分にエロティック・サスペンスとして高い完成度を誇っている。この映画では、グェッリエリ得意のアクションは無いものの、雰囲気のスタイリッシュな作り込みと、王道ながら巧妙なサスペンス要素を内包したプロットの出来の良さが秀逸である。また、キャロル・ベイカーだけでなく、もう一人の主役であるジャン・ソレルの演技も良い。この二人が醸し出す、キャラクター同士の心理的な空気感が何より本作を一段上のステージへ押し上げている印象だ。ジャッロ黎明期における重要作の一つである。（**森本在臣**）

IL DOLCE CORPO DI DEBORAH
THE SWEET BODY OF DEBORAH

監督：ロモロ・グェッリエリ
脚本：エルネスト・ガスタルディ、ルチアーノ・マルチーノ
音楽：ノラ・オルランディ
出演：キャロル・ベイカー、ジャン・ソレル

『肉壁の渦』（71・未）

ジャッロを語るにあたり、フロイトが提唱した精神分析学は切っても切り離せない存在だ。殆どのジャッロ映画においてフロイト式精神分析学が物語の根底を担っており、そもそも、映画の基となったジャッロ小説が同時期にムーヴメントを引き起こした精神分析学に則って「推理」という要素を持ち込んでいるゆえ、その不可分性は言うまでもない。それは本作でも同様だ。冒頭から、複数色の絵の具を混ぜ合わせた水が生物的に揺れ動く映像（まるで円谷プロ！）を背景に、フロイトの言葉が引用される。「過去の経験は肉襞の渦……脳に埋め込まれ、それは無意識として人間を駆り立てる」。この言葉通りに、過去の忌まわしい殺人を発端として、ある一家が直面する奇妙な事件が綴られる。出色なのは「斬首」に対するオブセッションであり、劇中いたるところで生首がゴロンゴロンと登場する。また、動画と静止画を組み合わせるなど実験的な映像表現に満ちていることも特徴的。映画全編が破綻した人間の精神をフィルムに念写したような、この上なくストレンジな仕上がりとなっている。（**ヒロシニコフ**）

NELLE PIEGE DELLA CARNE
IN THE FOLDS OF THE FLESH

監督：セルジオ・ベルゴンツェッリ
脚本：ファビオ・デ・アゴスティーニ、セルジオ・ベルゴンゼリ
出演：エレオノラ・ロッシ＝ドラゴ、ピア・アンジェリ、フェルナンド・サンチョ

『幻想殺人』（71）

ルチオ・フルチが『女の秘めごと』（69）に続いて手掛けたジャッロ。精神疾患に悩まされる有閑マダムは隣人を殺害した夢をみる。そしてそれは現実となり……、という夢＝無意識の世界と現実の接続をダイレクトに図った作劇が実にフロイト的。かつ、『デボラの甘い肉体』（68）直系のエロティシズムを有し、動物の名を盛り込んだアルジェント風のタイトル（原題を訳すと「女の肌を持つ蜥蜴」となる）を冠した、ジャッロ映画のヒット作の要素を積極的に吸収した、制作陣の「外さないぞ」精神（商魂とも言う）がこれでもか！　と現れている手堅い作品。しかし、腹を掻っ捌かれてなお生きている犬たち、臓物を手にして食卓に並ぶゾンビ、白い眼を持つ男女、主人公を執拗に追う巨大怪鳥など、本作の悪夢シーンにおける残酷で不条理なビジュアルは、後に「残酷ホラーの巨匠」と化すフルチの萌芽を感じさせる。その幻視的感覚の豊潤さは、やはり並みの監督とは一線を画していることが本作から明確に窺える。（**ヒロシニコフ**）

UNA LUCERTOLA CON LA PELLE DI DONNA
A LIZARD IN A WOMAN'S SKIN

監督：ルチオ・フルチ
脚本：ルチオ・フルチ、ロベルト・ジャンヴィッティ、ホセ・ルイス・マルティネス・モーヤ、アンドレ・トランシェ
音楽：エンニオ・モリコーネ
出演：フロリンダ・ボルカン、キャロル・ハモンド、スタンリー・ベイカー

『スローターホテル』（71）

イタリア製の犯罪アクション映画、通称「ユーロクライム」ジャンルにおいてその名を広く知られるフェルナンド・ディ・レオ監督が、持ち味の鋭い暴力描写を全開に、エロスと虐殺を全編に練り込んだ異色作。舞台は異常性欲者だけを集めた高級療養所。黒マントの殺人鬼が夜霧と共に姿を現し、美しきニンフォマニアたちの性への渇望を血に染めてゆく……。本作の探偵役は怪優クラウス・キンスキー。女たちを狙う黒マントの殺人鬼の後姿はどう見てもキンスキーそのものであり、探偵＝殺人鬼なる仕掛けかと思いきや……な構成が、ミスリードと言うにはもどかしい、実に力技が効いたもので衝撃的。一応は耽美な雰囲気とフーダニットな筋を有するものの、犯人が判明し、そのベールが剥がれるや否や、プッツンした犯人がモーニングスター（鎖付きの鉄球）をブン回し、療養所の人間たちを撲殺！　撲殺！　また撲殺！　瞬く間に血肉が吹き荒れる狂乱劇《メイヘム》へと突入する。エロティシズムとサスペンスに入り、大暴力で終える本作は、ディ・レオ監督が「畑違い」であったゆえにジャンルの定型を意図せずして破壊したジャッロ界の鬼子と言えよう。

（ヒロシニコフ）

LA BESTIA UCCIDE A SANGUE FREDDO
SLAUGHTER HOTEL

監督：フェルナンド・ディ・レオ
脚本：フェルナンド・ディ・レオ、ニーノ・ラティノ
音楽：シルヴァーノ・スパダッキーノ
出演：クラウス・キンスキー、マーガレット・リー

『タランチュラ』（71）

上流階級の女性たち専用のエステサロン。そこに通う美しき女性たちが次々と殺害されてゆく。犯人が殺しに用いる凶器は長い針。正体不明の殺人鬼は今夜も美女の白い首筋を求めてローマを彷徨う。巣に獲物がかかるのを待つタランチュラのように。冒頭から美女の裸、裸、裸。なんともエロチックな導入だが、画作りの端麗さ、そしてモリコーネの音楽が醸し出す豪奢なムードによって、どこかゆったりとした気品の漂う映画となっている。その一方で、美女がゾクゾク殺害されるシーンにおいては、ズームの多用や性急なカット割りが用意されている。この緩急が素晴らしい。特に、事件を追う警視がビルの屋上で容疑者を追跡するシークエンスに関しては、高所ならではのスリルを煽る撮り方がなされており、恐ろしい殺人劇に被せる形で「ダブル・ショック」とでも言うべき多層的な味わいを観るものに与えてくれる。強烈なオリジナリティを誇る作品ではないが、ジャッロならではの魅力が端正に詰まった眉目秀麗な印象の一本。

（ヒロシニコフ）

LA TARANTOLA DAL VENTRE NERO
THE TRANTULA WITH THE BLACK BELLY

監督：パオロ・カヴァラ
脚本：ルシール・ラークス
音楽：エンニオ・モリコーネ
出演：クローディーヌ・オージェ、バーバラ・ブーシェ、バーバラ・バック、
ステファニア・サンドレッリ

ジャッロ30選

『血みどろの入江』（71）

腹に一物抱えた人々が続々と殺害されてゆく、イタリアン・ホラーの巨匠マリオ・バーヴァが悪意たっぷりに放った「人殺し映画」。『モデル連続殺人！』（64）にてバーヴァがジャッロの定型を作り上げたことは一片の疑いようもない。それゆえ、殺人がひた続き「そして誰もいなくなった」状態となる本作に関しては、あえてその定型を自ら崩しにかかり、フーダニット要素や精神分析的側面を置き去りに、ただただ「殺し」に主眼を置いた、悪意（あるいはせせら笑い）に満ちたアンチ・ジャンル的な作品と評すほかない。しかしそれゆえ、劇中での「殺し」は、鉈による顔面縦割り、槍を使った二人同時串刺しなど、エポックメイキングなものばかり。死体に蛸が絡む怪奇ムードも含め、そのゴア・ビジュアルの豊かさにはとにかくウットリさせられる。後年、この「殺し」のバリエーションが『13日の金曜日』（80）シリーズ（特に2作目）に輸入され「スラッシャー映画」というジャンルの定型と化すことは、本作の偉大さを示すエピソードであると共に、アンチ・ジャンルを図った顛末としてはやや皮肉に思えてしまう。

（**ヒロシニコフ**）

ECOLOGIA DEL DELITTO
A BAY OF BLOOD

監督：マリオ・バーヴァ
脚本：マリオ・バーヴァ、ジョセフ・マクニー、フィリッポ・オットーニ
音楽：ステルヴィオ・チプリアーニ
出演：クローディーヌ・オージェ、ルイジ・ピスティッリ、イザ・ミランダ

『ソランジェ 残酷なメルヘン』(72)

マッシモ・ダラマーノは『What Have They Done to Your Daughters?』というジャッロも撮っており、そちらもなかなかの佳作なのだけれど、今回はこの「ソランジェ」を取り上げたい。ストーリーは、女子校の教師である主人公が生徒と関係を持ち、デート中に相手の生徒が殺人を目撃。その場では何かの見間違いだとしてやり過ごすものの、後日本当に殺人事件が発生していたことを知る。現場に関する情報は一切報道されなかったにもかかわらず、現場検証の場に現れた主人公の姿を新聞社のカメラマンが写真に撮っており、なおかつ殺されたのは別の教え子であったことからも、彼は窮地に立たされ……。という、巻き込まれ型サスペンスだ。本作が面白いのは、イタリアではなくロンドンを舞台にしており、英国探偵小説の空気を纏いつつ、カトリック系女子校という設定を巧みに活かした陰鬱な物語が展開されるところであろう。良く練られたプロットも相まって、至高のジャッロ作品となっている。(**森本在臣**)

COSA AVETE FATTO A SOLANGE?
WHAT HAVE YOU DONE TO SOLANGE?

監督:マッシモ・ダラマーノ
脚本:マッシモ・ダラマーノ、ブルーノ・ディ・ジェロニモ、ペーター・M・トート
音楽:エンニオ・モリコーネ
出演:ファビオ・テスティ、クリスチーナ・ガルボ

『マッキラー』(72)

南イタリアは小さな村、アクセンドラ。そこで少年の連続殺人が発生。マッキラーと呼ばれるジプシー女に疑いの目が向くが……。ルチオ・フルチの代表作として名高い一本。本作もやはりアルジェント作品を意識した動物題（「アヒルをいじめないで」）だが、その実は全く異なる。もちろん、美女、殺人、精神に異常を来した犯人と、ジャッロとしての要素は完璧に備えた作りとなっている。しかしそれ以上に社会批判的な要素の強さに目が向く。共同体において「異端」とみなされた存在への差別、そして文明の進歩が少数派をパージして成り立っていることが如実に描き出される。マッキラーが村人にリンチされ、車通りの多い公道で助けを求めるも無視されるシーンは実に象徴的だ。架空の田舎村を社会全体の縮図として戯画化し問題を提起するアプローチを、フルチはマーティン・マクドナー監督が『スリー・ビルボード』(17)にて行うよりも半世紀近く先に達成していたのだ。（**ヒロシニコフ**）

NON SI SEVIZIA UN PAPERINO
DON'T TORTURE A DUCKLING

監督：ルチオ・フルチ
脚本：ジャンフランコ・クレリチ、ロベルト・ジャンヴィッティ、ルチオ・フルチ
音楽：リズ・オルトラーニ
出演：フロリンダ・ボルカン、イレーネ・パパス

『赤の女王は7度殺す』(72・未)

エミリオ・ミラグリア監督は、前作『The Night Evelyn Came Out of the Grave』(71)でも、ゴシック・ホラーの要素を煮詰めて、ミステリ色の強いジャッロとして打ち出すという離れ業をやってのけたのであるが、本作でもそれは顕著である。冒頭からゴシック・ホラーな雰囲気が明確に打ち出されており、それが次第に王道とも言えるサスペンス・スリラーへと展開していく中で、観客を全く飽きさせることなく閉幕まで突っ走る姿勢は見事。ストーリーを説明してしまうと、二転三転する複雑なプロットで構成されているので、ネタバレになりかねないため伏せておくが、ジャッロ初心者でも安心して楽しめる充実の内容であると言えよう。中でも赤マントの女が疾走するシーンの鮮烈さは筆舌に尽くし難く、一度観たら脳裏に焼き付いて忘れられない。また、『タランチュラ』や『マッキラー』でもお馴染み、ハリウッドからジャッロへと活躍の場を移した女優バーバラ・ブーシェの美しさも華を添えている。

(森本在臣)

LA DAMA ROSSA UCCIDES SETTE VOLTE
THE LADY IN RED KILLS SEVEN TIMES

監督:エミリオ・ミラグリア
脚本:ファビオ・ピットール、エミリオ・ミラグリア
音楽:ブルーノ・ニコライ
出演:バーバラ・ブーシェ、ウーゴ・パリアイ

『死んでいるのは誰？』（72）

まず想起するのは、ニコラス・ローグの『赤い影』（73）であるが、実はこちらの方が先駆けである。ヴェネチアの風景を映し出す巧さもさることながら、観光名所的な描き方ではなく、リアルな「街」としてのヴェネチアをしっかりと映し出しているところがアルド・ラドの手腕であろう。監督含め、当時の左翼的映画人が制作していることもあり、社会風刺・批判の側面もあるのだが、そこはスパイス程度のもので、旨味はもっと別のところにある。ヒッチコックを確実に意識しているサスペンス描写に加え、当時最先端であったアルジェントのスタイルをも取り込んで、スタイリッシュにまとめあげられた演出が、まさに王道ジャッロと呼ぶに相応しい正統派の傑作へと本作を押し上げている。また、特筆すべきはエンニオ・モリコーネによる必殺のスコアだ。モリコーネの音楽の中でも五指に入る出色の出来栄えである上、ジャッロ映画のスコアとしてもこれ以上ない名曲となっている。（森本在臣）

CHI L'HA VISTA MORIRE
WHO SAW HER DIE?

監督：アルド・ラド
脚本：フランチェスコ・バリッリ、マッシモ・ダヴァック、アルド・ラド、リュディガー・フォン・スピース
音楽：エンニオ・モリコーネ
出演：ニコレッタ・エルミ、ジョージ・レーゼンビー

『暗闇に待つあらゆる災厄』（72・未）

ジャッロ映画を語る上で絶対に外せない名監督、セルジオ・マルティーノ。代表作「影なき淫獣」（73）や、『The Case of the Scorpion's Tail』（71）、ポオの黒猫を題材にしつつも独自の切り口で昇華させた『Your Vice Is a Locked Room and Only I Have the Key』（72）、アルジェント作品からの影響も感じさせる大傑作『The Strange Vice of Mrs. Wardh』（71）など、セルジオ・マルティーノ作品はほぼハズレ無しのラインナップなのであるが、本作も変化球ながら味わい深い一本となっている。監督曰く、ポランスキーの『ローズマリーの赤ちゃん』（69）を下敷きにジャッロ化させたということなのだが、確かに『ローズマリーの赤ちゃん』をサイケデリックに変異させたかのような、幻想的スリラーとして独特の質感を帯びている。フルチの『幻想殺人』とはまた少し違った形での、言わばサイケ・スリラーな作品。ブルーノ・ニコライの美しい音楽も素晴らしく、マルティーノ作品の常連であるエドウィジュ・フェネシュのキャラもばっちりハマっている。（森本在臣）

TUTTI I COLORI DEL BUIO

監督：セルジオ・マルティーノ
脚本：エルネスト・ガスタルディ、サウロ・スカヴォリーニ
出演：ジョージ・ヒルトン、エドウィジュ・フェネシュ

『デリリウム』(72)

独自のエロティック・ゴシックなホラー傑作『イザベルの呪い』で一部に熱狂的なファンを持つレナート・ポルセリが撮った異色ジャッロ、それが『デリリウム』である。他のジャッロ映画がストーリーのサスペンス感や卓越したカメラワーク、演出などに重きを置いている中、彼は持ち前の得意技であるエロ・グロ描写を、ジャッロという名の鍋の中でふんだんにぶち込み、とことん煮詰めたのだ。この得体の知れないパワーを前に、我々はひたすら圧倒されるしかない。なお、本作はアメリカ公開版があり、こちらはストーリーが違い、ベトナム戦争のシーンや、キャラクターの背景等を説明する場面が追加されている。さらにはエロシーンが大幅にカットされ、オリジナル版には登場しない人物まで出てくるので、もはや別物と言っても良い代物。無理に鑑賞する必要はないが、見比べてみたいというディープなファンは米盤DVDに両方収録されているので、ぜひ手に取ってみてほしい。(森本在臣)

DELIRIO CALDO
DELIRIUM

監督・脚本:レナート・ポルセッリ
音楽:ジャンフランコ・レヴェルベリ
出演:ミッキー・ハージティ、カルメン・ヤング

『影なき淫獣』（73）

ジャッロ映画から米産スラッシャー映画への発展に関しては『血みどろの入江』（71）の項にて述べた通りだ。その点において重要な役割を担った作品は多々あれども、本作の果たした役割は『血みどろの入江』と並んで大きい。学生を狙った連続バラバラ殺人が発生。果たして狂気に取り憑かれた犯人の正体は……、という「フーダニット」形式で前半は進行する。しかし、舞台を田舎の別荘に移してからの後半こそ、限定空間での殺人鬼と若者たちの攻防を描いたスラッシャー映画の原型と言えるものである。また、前述の通りフーダニットものゆえ、犯人は自分の正体を秘匿するため「目と口だけ露出している目出し帽」を着用している。しかしそのインパクトから、転じてそれが「殺人鬼の個性を強調するアイテム」と化している点も特筆すべきことだ。これは後にスラッシャー映画における「殺人鬼のトレードマーク」――例えばジェイソンのホッケーマスクだ――へと接続される。ジャッロにおける「匿名性」がスラッシャー映画への輸入にあたり「個性」へと意味合いの逆転を起こし、様々なホラー・アイコンを作り上げたのだ。（**ヒロシニコフ**）

I CORPI PRESENTANO TRACCE DI VIOLENZA CARNALE
BODIES BEAR TRACES OF CARNAL VIOLENCE

監督：セルジオ・マルティーノ
脚本：エルネスト・ガスタルディ、セルジオ・マルティーノ
音楽：グイド＆マウリツィオ・デ・アンジェリス
出演：スージー・ケンドール、ティナ・オーモン、ジョン・リチャードソン

『黒衣の貴婦人の香水』（74・未）

主人公は母親に関するトラウマを抱えて生きている。ある日、幼き頃の自分に瓜二つの少女を目にした時から、彼女の身に恐ろしい出来事が頻発する。追い詰められ、正気を失いゆく彼女が視たものは母の姿、そして奇妙な装束に身を包んだマンションの住民たちだった……。アルジェントと親交の深い脚本家フランチェスコ・バリッリの監督デビュー作。ある場所を通して、時間と空間、現実と妄想を縦断する演出が実に強烈。正気と狂気の危うげな綱渡りを描き続けるプロットは、主演を務めたミムジー・ファーマーの今にも壊れそうな存在感も相まって、観るものを不安の谷へと叩き落とす。主人公を狙う集団の存在など、『ローズマリーの赤ちゃん』（68）を想起させる内容だが、物語の核をあえて明確にしない作劇がなされているため、おとぎ話のような印象だ。まるで邪悪な「不思議の国のアリス」。アルジェントは本作が『インフェルノ』へ影響を与えたと公言しているが、本作の3年後に作られた『サスペリア』が同様におとぎ話「白雪姫」を軸に据えているということを考えると、もしかしたら本作なくして『サスペリア』は生まれなかったのでは？　と思える。（**ヒロシニコフ**）

IL PROFUMO DELLA SIGNORA IN NERO
THE PERFUME OF THE LADY IN BLACK

監督：フランチェスコ・バリッリ
脚本：マッシモ・ダヴァック、フランチェスコ・バリッリ
音楽：ニコラ・ピオヴァーニ
出演：ミムジー・ファーマー、マウリツィオ・ボヌリア、マリオ・スカッチャ

『アイボール』（75・未）

バルセロナを訪問した観光客グループに殺人鬼の手が迫る。被害者は皆、眼球を抉り出される猟奇的な死を迎える。犯人はなぜ観光客グループを狙うのか。もしかして彼らの中に殺人鬼が潜んでいるのか。彼らの疑心暗鬼が限界点に達した時、恐ろしい真実が明らかになる。ウンベルト・レンツィが監督した、アルジェント作品の影響が如実に感じられる一本。「硝子箱の中の赤い猫たち」というタイトルも実にそれらしい。とはいえ、既存の作品からの引用を集積した贋作的映画……、というわけではない。不穏な映像と赤いレインコートを羽織った観光客＝赤い猫たちの画像を交互に映し出すオープニング映像の「名は体を表す」センスは抜群に冴えている。さらに本編には死体が豚にフゴフゴと喰われる、レンツィならではの悪趣味な描写が織り交ぜられているのも心憎い。赤いレインコートで顔面まで包んだ殺人鬼の姿も印象的だ。様々な要素をタイトルにまとめつつも、監督自身の「色」を打ち出すことに成功している快作である。（**ヒロシニコフ**）

GATTI ROSSI IN UN LABIRINTO DI VETRO
EYEBALL

監督：ウンベルト・レンツィ
脚本：ウンベルト・レンツィ、フェリス・トゥセル
音楽：ブルーノ・ニコライ
出演：マルティーヌ・ブロシャール、ジョン・リチャードソン、イネス・ペレグリーニ

『炎のいけにえ』(75)

毒々しい強烈な光を発する太陽、轟轟と音を立てる紅炎、そして薄く響く女の喘ぎ声。太陽が放つ異様な灼熱に当てられた人々は発狂し、手首を剃刀で切り、河へ身を投げ、車に火を放ち、子供もろとも自分を自動小銃で撃ち、死んでゆく。強烈な自殺シーンを数珠繋ぎにした、あまりに奇抜なオープニングがとにかく印象的。本筋は女検視官が自殺に見せかけた他殺を追う正統派ミステリーだが、ゲラゲラ笑いながら主人公に迫る死体、突如叫び声をあげる血まみれの死体など、随所に挿入される常軌を逸した映像が観るものを翻弄する。凡庸なストーリーを覆い隠すためのハッタリ的演出……、と切り捨てることも可能だが、少なくともその「ハッタリ」にこそ映画の持つ旨味が凝縮されているのであり、「殺人事件」という題材を扱うジャッロというジャンルにおいて、「死」そのものの恐怖を具現化した大きな意義を持つ作品と言える。余談ながら、クロード・シャブロルが監督した『Dr. M／ドクトル・エム』(90)の冒頭を飾る連続自殺シークエンスは本作に影響されたものではなかろうかと思うのだが、いかに。

(ヒロシニコフ)

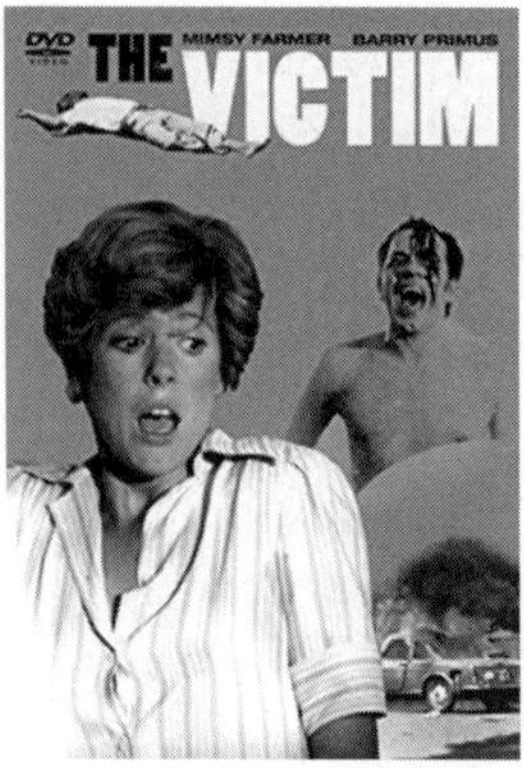

MACCHIE SOLARI
AUTOPSY

監督：アルマンド・クリスピーノ
脚本：アルマンド・クリスピーノ、ルチオ・バティストラーダ
音楽：エンニオ・モリコーネ
出演：レイモンド・ラヴロック、ミムジー・ファーマー、バリー・プリマス

『殺人者の為の裸体』（75・未）

タイトル通り、被害者が全員裸で殺されるエロティック・ジャッロ。本作を監督したのは、後に史上最もダークなゾンビ映画といっても過言ではない『ゾンビ3』（79）を手がけたアンドレア・ビアンキである。元来彼はセクスプロイテーション的な切り口を得意としているせいか、重みのあるサスペンスやスタイリッシュな演出、『ゾンビ3』でのダーティーな空気感等は一切無い。そのため、『ゾンビ3』が好きなホラー・ファンにとっては、ライトタッチ過ぎてピンと来ないかもしれない。が、バーヴァの『モデル連続殺人』などのジャッロ名作を参考に、アンドレア・ビアンキらしい軽妙なテイストを織り交ぜて綴られる本作はジャッロとして悪いものではない。むしろ、平均点以上の技術で撮影された実直なジャッロ作品として、もっと評価されても良いだけの魅力を内包している。ベルト・ピサーノによるスコアもカッコよく、観て損のない作品であることは間違いない。（森本在臣）

NUDE PER L'ASSASSINO
STRIP NUDE FOR YOUR KILLER

監督：アンドレア・ビアンキ
脚本：マッシモ・フェリサッティ
音楽：ベルト・ピザーノ
出演：エドウィジュ・フェネシュニーノ・カステルヌオーヴォ、フェミ・ベヌッシ

『笑む窓のある家』（76）

一般的には『追憶の旅』（83）のようなヒューマン・ドラマを描く監督として知られているプピ・アヴァティだが、ホラー・ファンにとっては『ゼダー　死霊の復活祭』（82）と本作のイメージの方が強い。とりわけこの『笑む窓のある家』はジャッロとして捉えてもしっくりくる、ミステリアスな傑作映画である。教会のフレスコ画を修復してほしいと言われ、閉鎖的な小さな町へやってきた主人公が、町に隠された秘密を知ってしまう、というストーリーなのだが、じっくりと雰囲気ある演出で描かれているので、物語にぐいぐいと引き込まれる。宗教色のある閉鎖された町での奇妙な出来事を描く映画ということもあり、『ミッドサマー』（19）がヒットする昨今なら、ばっちりとアプローチできる内容だ。また、何より本作はオチが凄まじい。監督のアーティスティックなセンスによる丁寧な描写と、堅実な物語性の上で炸裂するラストには度肝を抜かれること請け合いだ。文句なしの傑作である。（**森本在臣**）

LA CASA DALLE FINESTRE CHE RIDONO
THE HOUSE WITH THE LAUGHING WINDOWS

監督：プピ・アヴァティ
脚本：プピ・アヴァティ、アントニオ・アヴァティ、ジャンニ・カヴィーナ、マウリツィオ・コンスタンツォ
音楽：アメデオ・トマシ
出演：リノ・カポリッチオ、フランチェスカ・マルチャーノ、ジャンニ・カヴィーナ

『美人ダンサー襲撃』(77)

アントニオ・ビドは本作で露骨なまでにアルジェントの模倣を行っていることで有名だ。特に『サスペリアPART2』を熱心に研究したと見え、オマージュの域を越えた細部のコピーに驚かせられる。演出、カメラワーク、音楽など、トータルでアルジェントのスタイルに似せて作られていることが分かり、さらには主演のパオラ・テデスコの雰囲気さえも『サスペリアPART2』のダリア・ニコロディへ寄せている。ここまで徹底してやってくれると清々しいくらいだ。本作の後、アントニオ・ビドは完成度を高めた傑作ジャッロ『ソラメンテ・ネロ』(78)を撮るのだが、ここでもアルジェント的な要素を散りばめつつ、フルチの『マッキラー』、プピ・アヴァティの『笑む窓のある家』、アルド・ラドの『死んでいるのは誰?』などからもインスパイアを受けている様子が見受けられる。こうした「ジャッロに影響を受けてジャッロを撮った監督」という意味で、アントニオ・ビドの存在は重要なのだ。(森本在臣)

IL GATTO DAGLI OCCHI DI GIADA
THE CAT WITH THE JADE EYAES

監督:アントニオ・ビド
脚本:アントニオ・ビド、ロベルト・ナタール、ヴィットリオ・スキラルディ、アルド・セリオ
出演:パオラ・テディスコ、コーラッド・パニ、フランコ・チッティ

ジャッロ30選

『威尼斯のジャッロ』(79)

隆盛を極めたジャッロ映画も70年代の暮れにもなると斜陽の感がある。そんな時期に作られた問題作がこちら。あるカップルの死の真相を追ううちに、二人の異常な性生活が浮き彫りになってゆく。秘められた性の営みを映像で紡ぐ辺りは、煽情的と言うよりポルノと言うに相応しいあけすけさだ。だが、同時進行で語られる連続猟奇殺人の描写こそ本作の白眉だろう。女性器に鋏を突き立て殺害。丸焼きにされた男は片目だけをギョロギョロ動かし息を引き取る。美熟女は生きながらにして四肢を切断され、冷蔵庫に入れられる。ジャッロに求められる「殺しの美学」など欠片もない、ゴア・ムービーに通ずるネットリした残酷描写がひた続く。この良心に欠ける作りで本作は話題となったが、長く映像ソフト化されず「幻の映画」と化していた。しかし、2016年にドイツのメーカー「X-Rated」よりブルーレイが発売され、ようやっと陽の目を見る運びとなった。ちなみに日本でも2018年にカナザワ映画祭にて上映されている。(**ヒロシニコフ**)

GIALLO A VENEZIA
監督:マリオ・ランディ
脚本:アルド・セリオ
音楽:ベルト・ピサーノ
出演:レオノーラ・ファニ、ジェフ・ブリン、ジャンニ・デイ

『Murder Obsession』（81）

イタリアン・ホラーの父、リッカルド・フレーダが最後に監督した作品。過去にトラウマを抱える俳優が、母の住む家に仲間たちと訪れる。そして殺人が発生し、主人公は自分が犯人ではないかと疑心に苛まれてゆく。あらすじを見ると、「過去のトラウマ」「殺人」と実に典型的なジャッロであるように思える。しかし、脳天に斧が叩き込まれ血と脳漿が飛び散る殺人描写は、ジャッロと入れ替わりにイタリア映画界を代表するジャンルとなったゾンビ・スプラッターを彷彿とさせる過激さ。さらに後半へと進むにつれ、映画全体を怪奇ムードが覆い、まるで50年代後半のゴシックな恐怖映画の様相を呈してゆく。この、一本の映画の中でジャンルが生き物のように変化してゆく構成には驚愕させられる。なにより、『吸血鬼』（57）でイタリアン・ホラーの歴史の幕を開いたフレーダが、まさに「イタホラ総決算！」とばかりに自らの手でジャンル史を総括する作品を創り、メガホンを置いたことには感動を覚えざるを得ない。このように考えると、タイトルの「殺人狂」とはイタリアン・ホラーを牽引した監督たちを指しているようにも思えるのだ。（**ヒロシニコフ**）

MURDER OBSESSION

監督：リッカルド・フレーダ
脚本：アントニオ・チェザーレ・コルチ、リッカルド・フレーダ、ファビオ・ピッチョーニ
出演：ステファノ・パトリッツィ、マルティーヌ・ブロシャール

『ザ・リッパー』（82）

超常的残酷ホラーの傑作を連発していたフルチが再びジャッロ・スタイルに挑んだ回帰作。前作『墓地裏の家』（81）がゾンビ映画と殺人鬼映画の狭間を浮遊する作品であったがゆえ、生身の殺人鬼による凶行を描く作品へのフィルモグラフィの帰結は半ば必然であったように思える。本作以前、フルチが最後に手掛けたジャッロは『ザ・サイキック』（77）であったが、その後に手にした「圧倒的な残酷描写」という武器をフルチは惜しげなく本編に叩き込む。殺人鬼が手にした刃物を一閃！ 女の柔肌が裂け、血と内臓が噴出する。その瞬間が余すことなくフィルムに収められている。残酷描写の強烈さに面食らうが、殺人鬼と被害者の視点の入れ替わり、効果音を起点としたカットの切り返しなど、ショック表現に頼らない、映像面でのテクニックもギラリと光る。まさに脂が乗りきった匠の技。ちなみに「グワッグワッ」とアヒル声で警察を翻弄する犯人については、『マッキラー』（原題は「アヒルをいじめないで」）のセルフ・オマージュとのこと。

（ヒロシニコフ）

LO SQUARTATORE DI NEW YORK
THE NEW YORK RIPPER

監督：ルチオ・フルチ
脚本：ジャンフランコ・クレリチ、ヴィンチェンツォ・マンニーノ、ダルダーノ・サケッティ
ルチオ・フルチ
音楽：フランチェスコ・デ・マージ
出演：アルマンタ・ケラー、アレクサンドラ・デリ・コリ、パオロ・マルコ

『ヘルバランス』（88）

『食人族』（80）のルッジェロ・デオダードが監督した変則ジャッロ。本作の脚本は元々『ザ・リッパー』のために用意されていたものだったが、フルチが脚本の変更を要求したために宙に浮いてしまい、脚本家の執念により6年越しで映像化の運びとなった。前半はガラスを突き割り斃れる女性など、往年のジャッロを想起させる映像表現で連続殺人が描かれ、そして大きな謎が提示される。現場に残された犯人の毛髪の年代が異なっているのだ。同一犯と断定できず捜査は難航。それもそのはず、犯人は老化がどんどん進行する早老症を患っていたのだった。この事実が明らかになった瞬間から、映画は犯人の悲哀へと焦点を当てる。加速的に襲い来る老い、眼前に迫る死。「真の恐怖とは、現実的な恐怖に他ならない」と語るデオダードらしく、死の恐怖に怯えるあまり殺人鬼と化した男のドラマが紡がれる。本作の方が設定に捻りがあるが、「老い」がもたらす狂気と「殺人」を結び付けたホラーとして『X エックス』（22）を先取った作品だ。（**ヒロシニコフ**）

UN DELITTO POCO COMUNE
OFF BALANCE

監督：ルッジェロ・デオダード
脚本：ジャンフランコ・クレリチ、ヴィンチェンツォ・マンニーノ、ジリョーラ・バタリーニ
音楽：ピノ・ドナッジオ
出演：マイケル・ヨーク、エドウィジュ・フェネシュ

『サスペリア2000』(96)

本家アルジェントの『サスペリア』とは無関係にもかかわらずこの邦題で、当時レンタルビデオ店の棚の片隅にひっそりと登場した本作。アルジェント関連作を期待した人々からは落胆の声も聞こえてきたものだが、現在の感覚で遅れてきたジャッロの文脈として観てみれば、なかなかに面白い作品なのではないかと思う。赤や青の色彩を強調した画面作りは、確かにアルジェントの影響も無いとは言い切れないが、テレビドラマ的な薄味サスペンスと、ストーリー運びの、ある種現代的とも言えるライトな雰囲気からは、やはり王道の60~70年代ジャッロとは異なる感触を覚える。それなりのオチもあるし、監督自らが手がける音楽も味わい深いので、決して悪い作品では無いのだが、とりわけ話題にならなかった事にも頷ける内容。また、本作が名優ドナルド・プレザンスの最後の出演映画という事実も、そこはかとない儚さみたいなものを抱かせられる原因の一つなのかもしれない。(森本在臣)

FOTOGRAMMI MORTALI
FATAL FRAMES

監督：アル・フェスタ
脚本：アル・フェスタ、アレッサンドロ・モネーゼ、メアリー・リナルディ
音楽：アル・フェスタ
出演：ステファニア・ステラ、リック・ジャナシ、ドナルド・プレザンス、アリダ・ヴァリ

『オールモスト・ブルー』(00)

時はゼロ年代。ブームの終焉、そしてイタリア映画産業そのものの衰退により、ジャッロは過去のものと化していた。しかし、その流れを正統に受け継ぐ作品が登場した。それが本作だ。無線の盗聴を趣味とする盲目の青年。彼はある日、連続殺人鬼の声を聞いてしまう。ヒッチコックの『裏窓』(54)の翻案と思しき物語は、新鋭の映像作家アレックス・インファシェリ監督と、50年代から活躍するベテラン脚本家セルジオ・ドナティの手により、現代的な映像感覚を持ったジャッロとして形作られた。ちなみにドナティは『カリギュラ』(79)を監督したティント・ブラスが撮ったジャッロ『Col cuore in gola』(67)の脚本を執筆している。MV畑のインファシェリ監督の演出は画面のインパクト重視であり、それゆえ全編を通すとやや平坦な感は否めないが、暴力的な流血描写を避けることなく正面から取り組むスタイルは好感触。ジャッロはやはり「過去のジャンル」であり、今、同様の作品を制作しても「サイコスリラー」へと包括されてしまう。しかし、その血脈は今日も確実に息づいているのだ。(**ヒロシニコフ**)

ALMOST BLUE

監督:アレックス・インファセリ
原作:カルロ・ルカレッリ
脚本:アレックス・インファセリ、セルジオ・ドナティ、ルカ・インファンセリ
音楽:マッシモ・ヴォリューム
出演:ロレンツァ・インドヴィーナ、クラウディオ・サンタマリア、ロランド・ラヴェロ

COLUMN

それはジャッロであり、ジャッロではないホラー映画の新たなる潮流「ネオ・ジャッロ」

ヒロシニコフ

ジャッロというジャンルの隆盛は過去のものだ。そう言い切ってしまうと「ジャッロの定義とは?」なる話に飛び火し、かくいう理由で現在作られている映画は「サイコ・スリラー」でありジャッロではなく云々……と微に入り細を穿つ各論へと突入してしまう。なので、石を投げられることを覚悟して、話を進めるためにあえて乱暴に言いたい。ジャッロというジャンルの炎は90年代にイタリア映画界が衰退した時に鎮火したのだ、と。もちろん、今でもジャッロだと言える作品は散発的に出てきている。また、本書の主人公アルジェントのように、ジャッロの旗手が新作を撮れば「それはジャッロですね」と言わざるを得ない。しかし、それはあくまで天然記念物のような稀少なものであり、ジャッロは流行として絶えて久しい。

30年ひと世代、という話がある。住宅街についてなど、不動産関係の話題で耳にする言葉だ。30年かけて世代がグルリと一周する。それは映画界の潮流にも当てはまる。30年後に「リバイバル」が起きるのだ。当時を過ごしていた世代には懐かしく、若い世代には新しいものとして受容されることから、リバイバルは支持を得て、ブームとなる。分かりやすいところで言うと、80年代から30年経った2010年代に「80年代リバイバル」ブームが勃発した。『マンボーグ』（11）や『ホーボー・ウィズ・ショットガン』（11）、『ターボキッド』（15）など、「80年代らしさ」を強調した作品が次々と現れたことは記憶に新しいのではないか。

それでは、ジャッロが隆盛を誇っていた60年代の30年後……90年代はどうだっただろう。それは「サイコ・スリラー」の時代だった。『羊たちの沈黙』（91）を皮切りにサイコ・スリラーがホラー・ジャンルを丸呑みした。幼き頃にジャッロの薫陶を受けた若い世代の監督もサイコ・スリラーを手掛けた監督たちの中にいたことだろう。しかし、ジャッロとサイコ・スリラーはコンセプトが近いゆえに「ジャッロ・リバイバル」という側面はマスクされてしまったのではないかと思える。

では、「ジャッロ」という言葉がジャンル映画史においてリアルタイムで再浮上することは皆無に等しいのか？　冒頭に語った前提をちゃぶ台返しするようだが、実はそうではない。2010年近くより、ジャッロは若き映画の作り手たちによって解体、再構築、あるいは再現され「ネオ・ジャッロ」として新たに生を受けていた。そう、奇しくも「80年代リバイバル」の渦中において。「80年代の映画の再評価が進む今だからこそ、あえてそのオリジンを自分の手で再創造してみたい」という妄執に駆られた猛者たちがジャッロを新生させたのだ。

この「ネオ・ジャッロ」というジャンルを時系列順に紐解くと、その先陣を切った存在はやはりエレーヌ・カテトとブルーノ・フォルツァーニと言えるだろう。このフランス人コンビ監督（映画制作はベルギーで行っている）は、マリオ・バーヴァやダリオ・アルジェントの作品が有していた映像のエッセンスを抽出し、ある女性の肖像を描いてみせた。それが『煽情』（09）だ。性的なトラウマを抱えた女性の奇妙な人生を描いた映画であり、通常のアウトプットならジャッロと結びつくことは無い内容だ。しかしカテトとフォルツァーニは、そのプロットを極端なズームアップや黒革の手袋、剃刀といったジャッロにおけるアイコニックな映像表現で包み込んだ。ジャッロ的表現で構築された、ジャッロではない何か。それは「リバイバル」や「回帰」とはまた異なる存在だ。ゆえに「ネオ」ジャッロと称さざるを得なかったのだ。

カテトとフォルツァーニは、既存のパーツを組み合わせ全く新しい作品を創りだす手法をさらに研ぎ澄まし『内なる迷宮』（13）を監督。こちらは消えた妻を探す男についての物語だ。「消えた妻」という「謎」を原動力として進むストーリー、気づけば人間の内面世界へと誘われる精神分析的な趣きの強いアブストラクトな着地。謎とフロイトはジャッロのキーワードだ。だが、本作の映像アプローチはもはやジャッロの域を超えてアバンギャルドな領域にまで足を進めている。ジャッロ的な映像をコラージュした『煽情』に対して、ジャッロ的なキーワードをプロットに盛り込み、異様な映像で全編を埋め尽くす『内なる迷宮』。『煽情』と『内なる迷宮』は作り方において対の関係性にある作品だ。前作と同じことはしない、カテトとフォルツァーニの覚悟に感服させられる。そして両監督が次に歩を進めた題材は、なんとクライム・アクション。それが『情無用のジャンゴ』(67)を本歌取りした『デス・バレット』(17)だ。ついに彼らはマカロニ・ウエスタンまで退行してみせた。炎天下で繰り広げるアーティスティックでサイケな殺し合いは、これまた「ネオ」な味わいに満ちている。

カテトとフォルツァーニと並び、ネオ・ジャッロの旗手と知られているのがアルゼンチンから現れた兄弟監督、ルチアーノ・オネッティとニコラス・オネッティだ。カテトとフォルツァーニがジャッロ的表現を用いて新たなものを再構築することに執心しているのに対し、オネッティ兄弟は「ジャッロの再現」に精魂を注いでいる。作品の本数を経るごとに「往年のジャッロ」感を強めてゆく腕の上げ具合は見事と言うほかない。彼らの詳細に関しては書籍『新世代ホラー2022』(小社刊)に譲るが、オネッティ兄弟のフィルモグラフィにおいて唯一の非ネオ・ジャッロ映画『ブラッド・インフェルノ』(17)は、彼らが再現を試みるジャッロと同年代にアメリカで産声を上げ、後に「スラッシャー・ホラー」というキーワードで合流を果たす『悪魔のいけにえ』(74)をジャッロ仕込みのオネッティ兄弟カラーで彩色してみせた、同時代、違う立ち位置に存在したもの同士を融合させるという、極めて野心的な試みの作品であったことは記しておきたい。

カテトとフォルツァーニ、オネッティ兄弟の方向性の違いに代表されるように、ネオ・ジャッロにおけるアプローチはジャッロの「再構築」と「再現」に二分される。そして、このネオ・ジャッロの「型」を築いた作家がフランス／ベルギー、アルゼンチンとジャンル映画の印象が少なく、作家主義的な風潮を持つ国々から登場したことは非常に興味深い。ジャンルとしての総体で語られがちなジャッロが、〝La politique des auteurs〟の香りを纏いホラー映画史に還流されたことは、ある種のパラダイムシフトと言えるのではないか。

彼らの後を追うようにネオ・ジャッロはその後、あらゆる国から続々と生み出される。フランスはインディペンデントシーンより、ルックこそお安めだが、お色気と殺人を前面に押し出したフランソワ・ガイヤールとクリストフ・ロビンによる『Blackaria』（10・未）、続く『Last Caress』（10・未）が登場。インディペンデントゆえの闊達さから、作品を続けて放ち「いま、新しい形のジャッロが生み出されている」ことをシーンに印象付けた。

カナダからは、セックスと暴力の恐怖に怯える女性をジャッロ的映像表現で追い詰めたヴィンス・ダマート監督作品『Reversed』（13・未）、そして「80年代リバイバルの火付け役」こと〈アストロン6〉のメンバー、アダム・ブルックスとマット・ケネディが監督した、イタリアン・ホラーへのオマージュたっぷりなジャッロ風コメディ・ホラー『The

Editor』（14・未）が現れた。『The Editor』はアストロン6の長編作品でありながら唯一の日本未公開作。怪優ウド・キアーや、『ムカデ人間2』（11）ローレンス・R・ハーヴェイも出演している豪華（？）な映画だ。アルジェントの新作も登場し「機は熟した」感があるので、これを機に日本上陸を果たしてもらいたい。

ジャッロの本場イタリアからも「負けてられるか！」とばかりに、原点回帰系ネオ・ジャッロが出現。それが、ルイジ・パストーレが監督した『Come una crisalide（英題：Symphony in Blood Red）』（10・未）だ。音楽に「ゴブリン」のクラウディオ・シモネッティを起用、特殊効果は『デモンズ』を筆頭に多くのイタリアン・ホラーで残酷シーンを手掛けたセルジオ・スティヴァレッティ。この本気度たるや凄まじく、アルジェントも本作に対して「予想以上だ、驚いたよ」と賛辞を述べている。また、ルチオ・フルチの『ナイトメア・コンサート』（90）をまさかのジャッロ・スタイルで翻案したドミツィアーノ・クリストファロ監督『Nightmare Symphony』（20・未）も特筆すべき作品だ。クジャク頭の殺人鬼はミケーレ・ソアヴィ『アクエリアス』（87）を思い起こさせるビジュアルであり、もはや何へのオマージュを捧げた作品か見失いそうになるが、イタリアン・ホラーをジャッロの下に集約しようと試みる意気は素晴らしい。

さらに、ドイツでも個性派ネオ・ジャッロが誕生している。『サスペリア』からオカルト要素を減退させた作りの本格派『Masks』（11・未）、アルジェントに影響を与えたルイス・ブニュエル『アンダルシアの犬』（29）における「眼球切り裂き」を、ドイツ残酷映画の第一人者オラフ・イッテンバッハが再現した『Yellow』（12・未）、そして、イタリアン・ホラーの洗礼を受けて作られたドイツ自主残酷ホラー（ジャーマン・ゴア）の代表作、アンドレアス・シュナース監督作品『マニアック2001』（89）を、ルイジ・パストーレを招聘し残酷ジャッロとして「先祖返り」リメイクした『Violent Shit: The Movie』（15・未）とバラエティ豊かだ。

また、ジャーマン・ゴアに影響された自主スプラッター映画シーンからもネオ・ジャッロは産み落とされた。ウクライナで初のスプラッター映画を撮ったセルゲイ・コーディックは直球タイトル『Gialli』（15）を制作。ある作家が殺人鬼と邂逅する、物憂げなトーンが全編を包む残酷譚だ。そして、同じプロットをロシアの残酷派アレックス・ウェスリーが練り直した『Gialli II』（20）も作られた。こちらでは作家が肝臓を悪くしているという設定が加わっており、そのため彼の顔色は極度に黄色い。なので画面に常時、黄色が存在している。ジャッロという言葉に対する衝撃的なアプローチに激しく腰を抜かした次第だ。

何より本邦でもネオ・ジャッロと言える映画が存在していることは記しておかねばなるまい。ドイツで上映されるや「これはジャッロだ！　ヤクザ・ジャッロ！」と呼称されるに至ったアウトロー映画『レクイエム 外道の中の外道』（17）は、覆面の殺人鬼や残酷な殺しの描写が本筋に絡む、先行きの読めないジャッロの空気を感じさせる作品だ。また、対照的に自ら「ジャパニーズ・ジャッロ」と名乗った『マニアック・ドライバー』（20）

も異様な存在感を放つ。『タクシードライバー』（76）と『マニアック』（80）を掛け合わせる奔放さもまた、ジャンルの垣根を超えて引用を行うイタリア映画らしくあるように思える。さらに、女二人の情愛を描いた映画『バーミリオン』（22）も異常性愛と殺人が交歓を見せる、ジャッロ的な妖しさが充満している一本だ。

カテトとフォルツァーニが登場した瞬間には、あまりのインパクトからネオ・ジャッロは80年代リバイバルの中に咲いた徒花かと思われた。しかし、結果はこの通り、ジャッロを再構築・再現した深紅の花があらゆる国で咲き乱れるに至っている。短命なリバイバルが多い中で、ネオ・ジャッロがここまでの広がりを見せた理由は何だろうか。それはひとえに、ジャッロというジャンルの持つ特異さにあるだろう。ジャッロは「定型」を有している。殺人鬼、美女、黒手袋、剃刀……、ジャッロを指すキーワードも多数在る。しかし、中身においては実に自由度が高い。『モデル連続殺人！』も『殺しを呼ぶ卵』も同じくジャッロなのだ。例えるならば、俳句やソネットなど、定型詩に近い制約と膨らみを同時に有しているジャンルだと言えよう。それゆえ、後続の若き作家たちは、先達が培ったエッセンスを活かして、自由に己のビジョンをフィルムへと描くことができたのだ。ジャッロは流行として絶えて久しい。しかし現在、同じ要素を有しながらも全く異なるネオ・ジャッロがホラー映画史を黄色く染め続けている。

プロフィール

伊東美和
ゾンビ映画ウォッチャー。編著に『ゾンビ映画大事典』『ポール・ナッシー』、共著に『ゾンビ論』『ジョージ・A・ロメロ』（すべて洋泉社刊）などがある。

氏家譲寿（ナマニク）
文筆家。映画評論家。著書『映画と残酷』（洋泉社）。日本未公開映画墓掘人。ホラー映画評論ZINE「Filthy」発行人。残酷映画字幕監修もやってます。加えてコッソリと外国の自主制作映画に出演している隠れ役者でもあります。

宇波拓
音楽家。ギター演奏と電子音楽。HOSE、ホンタテドリ、中尾勘二トリオなどのグループに参加。古澤健、沖島勲、いまおかしんじ、松井周など、映画や演劇に音楽を提供。エンジニアとしても数々の録音作品に携わる。

恵木大（ヒロシニコフ）
残酷映画の評論を中心に、書籍・雑誌・映画パンフレット・Blu-rayブックレットなどに寄稿。世界中のゴア・ホラーをリリースする地下映画レーベル〈VIDEO VIOLENCE RELEASING〉代表。アルジェントの新作をまだまだ観たいと願って眠りにつく毎日です。

片刃
『新世代ホラー２０２２』に寄稿。２０００年以降のアルジェント映画は観賞後に文句を書き連ねた結果「あれ、ここまで言うことあるんだったら結局好きなんでは」と手の平を返すタイプ。

上條葉月
字幕翻訳者。不定期に上映企画を主宰、ZINE「Edition COUCHON」を発行。ハトが好きです。

児嶋都
ホラー漫画家・イラストレーター・画家。GARF日本アンバサダー。代表作『怪奇!大盛り肉子ちゃん』他、綾辻行人作品コミカライズ『眼球綺譚』、平山夢明氏との共著『非道徳教養講座』等。絵画作品の活動は国内外に渡る。

児玉美月
『文學界』『群像』『ユリイカ』『文藝』など多数寄稿。２０２２年にはレインボーマリッジ・フィルムフェスティバル審査員、高校生のためのeiga worldcup2022審査員、早稲田映画まつり審査員を務める。共著に『反＝恋愛映画論』『「百合映画」完全ガイド』。

後藤護

暗黒批評。著書に『黒人音楽史　奇想の宇宙』（中央公論新社、2刷）、『ゴシック・カルチャー入門』（Pヴァイン）。業界誌『出版人・広告人』にて5月より「ポリマス（博識家）」をテーマに連載開始ケッ定。

高橋ヨシキ

映画評論家、アートディレクター。長編初監督作品『激怒』ＤＶＤ＆ブルーレイ発売中。『悪魔が憐れむ歌――暗黒映画入門』（ちくま文庫）、『ヘンテコ映画レビュー』（スモール出版）、『シネマストリップ』シリーズ（同）など著書多数。

はるひさ

「ちまつり！スプラッター部」部長。人がひどい目に遭う映画が主食の、地雷原在住型シネマピコライター。仲間割れが大好物。『新世代ホラー２０２２』、「傑作（？）ゾンビ映画25選!!（『ゾンビ映画年代記 -ZOMBIES ON FILM-』付録）」などに寄稿。

真魚八重子

映画評論家。朝日新聞やぴあ、『週刊文春CINEMA!』などで執筆。著書に『映画系女子がゆく！』（青弓社）、『血とエロスはいとこ同士　エモーショナル・ムーヴィ宣言』（Ｐヴァイン）、『心の壊し方日記』（左右社）等。

森本在臣

東京都出身。ジャッロと50年代のアメコミ、昭和の本格ミステリ、コーラが好物。著書にブランコレーベルとの共著であり、日本の70年代自主盤にスポットライトを当てた「和ンダーグラウンド　レコードガイドブック」がある。

山崎圭司

新作『ダークグラス』に街娼が団結して殺人鬼探しをする１９８７年のジャッロ『白い肌にひそむ罠』を思い出す。デ・ラ・イグレシアの『ベネシアフレニア』、ノエの『Vortex』も楽しみで、今年はアルジェント祭りの予感！

吉本ばなな

１９６４年、東京生まれ。日本大学藝術学部文芸学科卒業。87年『キッチン』で第6回海燕新人文学賞を受賞しデビュー。著作は30か国以上で翻訳出版され国内外での受賞も多数。２０２２年『ミトンとふびん』で第58回谷崎潤一郎賞を受賞。近著に『吹上奇譚　第四話　ミモザ』など。

決してひとりでは読まないでください——
ダリオ・アルジェント 『サスペリア』の衝撃

2023年5月3日 初版発行

デザイン：シマダマユミ（TRASH-UP!!）

編集：大久保潤（ele-king）

写真協力：川喜多記念映画文化財団

発行者 水谷聡男
発行所 株式会社Pヴァイン
〒150-0031
東京都渋谷区桜丘町21-2 池田ビル2F
編集部：TEL 03-5784-1256
営業部（レコード店）：
TEL 03-5784-1250
FAX 03-5784-1251
http://p-vine.jp

ele-king
http://ele-king.net/

発売元 日販アイ・ピー・エス株式会社
〒113-0034
東京都文京区湯島1-3-4
TEL 03-5802-1859
FAX 03-5802-1891

印刷・製本 シナノ印刷株式会社

ISBN：978-4-910511-47-4